CLIENTES POR TODOS OS LADOS

"Pois sempre há alguém para Servir"

I0405272

Márcio A. Silva

CLIENTES POR TODOS OS LADOS

"POIS SEMPRE HÁ ALGUÉM PARA SERVIR"

Editora:
Corporativa Brasil

Copyright © 2011 por Márcio A. Silva
© 2011, Corporativa Brasil.

Todos os direitos reservados e protegidos pela Lei 9.610, de 19 de fevereiro de 1998. Nenhuma parte deste livro poderá ser reproduzida por qualquer meio, sem autorização prévia do autor, por escrito.

autor
Márcio A. Silva
editor
Corporativa Brasil
produção
Corporativa Brasil
ilustração
Caleidoscópio Artes Gráficas
revisão
Ana Cláudia Ramalho
projeto gráfico
Corporativa Brasil
Rua Oscar Freire, 1929
05409-011 – São Paulo – SP
Telefone: (11) 3081-1156
E-mail: *contato@corporativabrasil.com.br*
www.corporativabrasil.com.br

Dados Internacionais de Catalogação na Publicação (CIP)
(Câmara Brasileira do Livro, SP, Brasil)

S586   Silva, Marcio A. –
        Clientes por todos os lados: "pois sempre há alguém para servir "/ Márcio A. Silva – São Paulo: Corporativa Brasil, 2007. 150p.

        1.Clientes – Atendimento. 2. Administração de Empresas. 3. Serviços ao Cliente. I Título.

        CDD 658812

Bibliotecário Responsável
Ednei de Freitas Silveira
CRB 10/1262

Sumário

Prólogo 6

Capítulo I 11
   Definindo conceitos 11

Capítulo II 48
   Preparando para a mudança 48

Capítulo III 66
   Os relacionamentos: todos são clientes! 66

Capítulo IV 88
   Servindo a todos 88

Capítulo V 101
   O líder, o colaborador e o cliente 101

Capítulo VI 131
   Cuidando da plantinha 131

Capítulo VII 129
   O (Re)encontro 129

Epílogo 134

Prólogo

As experiências no alto da montanha são magníficas. No entanto, nessa altitude as árvores não conseguem sobreviver. No topo da montanha nada cresce, mas quando olhamos para baixo notamos uma coisa interessante: todo crescimento está nos vales. -
Mark W. Baker

QUEM SOU EU? Às vezes me faço esta pergunta, porém ainda não encontrei uma resposta plausível para este questionamento que me tortura todas às vezes que estou diante de um Cliente com dificuldades. Mas para que você compreenda melhor "quem sou eu", segue abaixo minha sucinta descrição:

Meu nome é Marcos, tenho 38 anos, ao nascer fui rejeitado e abandonado por minha mãe na maternidade do Hospital Geral do Estado de São Paulo. Meu pai, até hoje não sei quem é. Ao nascer fui encaminhado ao conselho tutelar para aguardar uma adoção, para sorte minha, após dois meses, fui adotado por um casal batista que cuidou de mim, me dando muito carinho, educação e amor. Minha mãe... nunca mais tive notícias, desapareceu.

Meus pais adotivos me ensinaram a andar em um bom caminho, aos 17 anos já tinha sido aprovado no curso de Bacharel em Administração pela USP. Formei-me aos 22 anos e daí em diante parece que as portas sempre estiveram abertas para mim.

Em todas as empresas que passei subi degrau a degrau, sendo disputado pelas organizações como um líder de excelência.

Hoje sou casado com a bela Rafaela, pai de Gustavo (Gugu), de três anos e Vitória (Vivi), de cinco anos. Atuo profissionalmente como *coach*, uma espécie de *personal trainner* do mundo dos negócios. O *coach* tem como objetivo oferecer condições para que seus clientes promovam um autodiagnostico e aprimorem sua capacidade de raciocínio e análise, visando torná-los capazes de estabelecer metas, identificar soluções para os problemas, adquirindo com isso confiança, equilíbrio entre emoção e razão. Esta palavra (*coach*) tem origem no campo esportivo, utilizada para designar o papel do técnico ou treinador de futebol ou basquete. Na verdade o papel do *coach* é transformar atletas em campeões, mesmo que ele próprio nunca tenha sido um. Por fim, minha missão é apoiar alguém a fim de melhorar seu desempenho profissional e pessoal.

Tenho obtido excelentes resultados com meus clientes, sendo considerado um dos profissionais mais bem pagos e requisitados pelas organizações do Brasil. Porém, às vezes me sinto como diz aquele velho ditado "o médico não pode curar a si mesmo". A razão deste sentimento é que, apesar de todo este "sucesso profissional", minha vida pessoal parece estar desmoronando. Eu e minha esposa, a bela Rafaela, não estamos nos relacionando bem, brigamos constantemente, muitas vezes na frente das crianças, o que as tem deixado bastante nervosas. Estou muito triste, angustiado e sem saber como proceder. Toda esta situação está me deixando desmotivado até para trabalhar. Acho que o "médico precisa de cura". E o pior de tudo é que tenho que atender a clientes com dificuldades de se relacionarem com seus colaboradores, líderes e diretores. Pessoas que, muitas vezes, apresentam baixo desempenho profissional por problemas emocionais e, a grande maioria das vezes, com marido, esposa ou filhos. Por que escolhi esta profissão? Não estou bem mas, apesar de tudo, tenho que manter uma postura profissional feliz, altamente satisfeito: o "Mestre", capaz de dar conselhos eficazes, o "Guru", que vale a pena ser seguido.

Sempre responsável, dedicado e comprometido com meu trabalho, tanto é que conquistei uma imagem de respeito e prestígio no mundo dos negócios, aqui no Brasil e no exterior. Mas toda esta "fama" e prestígio parecem estar corroendo a instituição mais importante da sociedade: minha família. Percebo que se esta situação perdurar mais alguns meses, não conseguirei manter a máscara de "doutor excelência", pois já estou sentindo os reflexos disso tudo. Acho que Mark W. Baker em seu livro, *Jesus: O maior Psicólogo que já existiu* traduz o que estou sentindo quando diz:

Todo mundo sente-se mal às vezes com relação a coisas que fez, mas algumas pessoas sentem-se mal a respeito de quem são. Elas se condenam e se tornam autodestrutivas se não descobrirem como mudar suas convicções com relação a si mesmas.

Acreditei cegamente que estava suprindo todas as necessidades de minha família, porém não estava certo, nem sempre o dinheiro "satisfaz nossas reais necessidades". Os vários convites e a agenda lotada me ajudaram a acumular uma considerável poupança, o que me fez sentir seguro financeiramente, no entanto, hoje, percebi o quanto estava errado: há poucas horas atrás, minha esposa, de malas prontas e crianças no carro, anunciou decididamente que estava "dando um tempo" para que eu refletisse o que era realmente importante para mim. Durante seu "discurso", ela reclamara a ausência de *Amor* em nossa relação. Confesso que até agora estou surpreso por sua decisão, motivo este que me fez refletir profundamente sobre o hiato *"vida profissional-pessoal"*.

Apesar de estar vivendo um período de nuvem negra, como sou responsável e comprometido com meus clientes, acreditando na máxima "O Cliente é o Rei", lembro-me que daqui à uma hora começo a atender. A velha história se repete: "O médico não pode curar a si mesmo, mas deve curar os outros". Vejamos o que temos para hoje:

Às dez da manhã, Polianna Costa, Supervisora de Vendas, 30 anos, recém-casada, recém-contratada para supervisionar uma equipe de vendas de uma grande seguradora. Motivo do atendimento: enfrentando período de transição, insegurança, dificuldade de relacionamento com a equipe.

Onze da manhã, Gabriel dos Santos, Vendedor de planos de saúde, 27 anos, solteiro, um ano de empresa. Motivo do atendimento: desempenho profissional, baixa produtividade, desmotivado.

Duas horas da tarde, Carlos de Oliveira Peixoto, Gerente Comercial de uma metalúrgica, 38 anos, casado, pai de três filhos. Motivo do atendimento: desempenho gerencial, resistência à mudança, estilo de liderança.

Às quinze horas atenderei Laura de Souza Aquino, Assistente Administrativo de um hospital, 28 anos, divorciada, mãe de um filho, a qual vem enfrentando conflitos relacionais e dificuldades pessoais (*stress*, desmotivação, perda de energia).

Por fim, às quatro e meia da tarde, tenho uma reunião de negócios na sede do Grupo Silva & Silva. Pelo visto não vou ter muito tempo durante a manhã e a tarde de hoje para "refletir sobre o que realmente é importante para mim". Agora o médico precisa de um bom banho para depois curar os outros.

APÓS TOMAR UM BANHO, entrei em nosso quarto e relembrei os momentos de amor, em que eu e Rafaela vivemos juntos. Ao mesmo tempo, senti falta do barulho das crianças correndo pelo quarto e de minha mãe, aquela que me abandonara. Senti-me sozinho, como um bebê sem colo e carinho de sua mãe. Daí percebi uma lágrima rolar no meu rosto, como se fosse algo que eu não pudesse controlar ou mesmo disfarçar. Neste instante, estava eu, declinado à cama, chorando copiosamente, sentindo um grande vazio dentro de mim. Era como se meu mundo estivesse desabando, meu tapete vermelho tivesse sido puxado de baixo dos meus pés.

Passaram-se trinta minutos, quando me recompus e enxuguei minhas lágrimas. Até pensei em cancelar minha agenda do dia, mas como meus clientes sempre foram meu *Patrimônio Maior*, resolvi atendê-los.

Capítulo I

Definindo conceitos

Todo aquele que, entre vós, quiser tornar-se grande, seja vosso servo. – Jesus Cristo

CHEGUEI AO ESCRITÓRIO nove e cinquenta da manhã de segunda-feira, um pouco abatido entrei em minha sala de atendimento sem dar uma palavra com meus colaboradores, com um copo de café na mão. A música que havia escutado durante o percurso de casa para o escritório ainda estava em minha mente. Confesso que naquele momento respirei profundamente e, como num passe de mágica, lancei meus pensamentos perturbadores para fora de minha sala de atendimento. Já são dez horas da manhã quando minha primeira cliente abre a porta e me saúda com um sorriso tímido:

- Bom dia, Professor Marcos. – disse Polianna, a Supervisora de Vendas, recém-casada e recém-promovida.

- Bom dia, Polianna. Parabéns, você é bem pontual. Sente-se, por favor – respondi sua saudação, tendo em mente a etapa número um do *coaching*: estabelecer uma relação de franqueza e confiança com o cliente.

- É um prazer conhecê-lo, Professor Marcos, li a respeito de seu trabalho e como tem ajudado a diversas empresas e indivíduos a melhorarem seu desempenho. Quando nossa empresa me indicou para participar de algumas sessões de *coaching*, confesso que fiquei preocupada, pois não entendia direito o que isso significava, mas ao me informar a respeito do assunto vi que se tratava de algo muito importante para meu desenvolvimento profissional e pessoal, ainda mais com o famoso "professor Marcos". – disse Polianna.

Naquele momento meus pensamentos, os quais tinha deixado fora da sala, voltam a minha cabeça, daí pensei: o famoso "professor Marcos", solução dos problemas dos outros. Numa fração de segundos recompus meus pensamentos e voltei ao meu foco: Polianna, minha cliente.

- Polianna, estou aqui para contribuir, como você mesmo disse, com seu desenvolvimento profissional e até mesmo pessoal, mas ao mesmo tempo aprender com você e assim tirar lições para mim e para outros. – disse isso como se estivesse descendo de meu pedestal e calçado as sandálias da humildade, sem saber que realmente haveria de aprender "servindo aos meus clientes".

- Agora, deixando nossa prosa de lado, me diz o que te trouxe aqui? Percebi através de sua ficha de atendimento que você é recém-casada e recém-promovida em sua empresa. Conte-me um pouco sobre esta dupla mudança em sua vida e como você tem enfrentado esse momento de transição. – abordei-a com uma pergunta aberta, a fim de que expressasse seus desejos, motivações e necessidades.

- Professor, o motivo de buscar a ajuda de um profissional como você é que eu estou vivendo um período de muitas mudanças em minha vida e acho que isso está afetando minha performance profissional e até minha vida pessoal. Sempre fui uma excelente vendedora, inclusive com diversas premiações de destaque, tanto em volume de vendas quanto por satisfação de clientes. Mas parece que, como supervisora, as coisas não estão indo muito bem. Tenho apenas seis meses no cargo e já enfrento problemas de relacionamento com diversos integrantes da minha equipe, "acho que o pessoal não gostou de mim". Para piorar ainda mais a minha vida, chego em casa completamente exausta, e, acredite, tenho apenas sete meses de casada e meu marido já anda insatisfeito comigo. Ele sempre reclama a falta de atenção e que eu só ando cansada. Todas às vezes que ouço suas insatisfações retruco com ele e acabamos discutindo seriamente. Ninguém consegue me entender, tenho me esforçado ao máximo para realizar um excelente trabalho, pois sei que meu objetivo na empresa é deixar nossos clientes satisfeitos através da prestação de ótimos serviços, e, é claro, vender muito para que meu diretor fique bastante feliz comigo. Daí tenho cobrado muito de minha equipe para atingir este objetivo, pode ter certeza, estou dando um duro danado, mas parece que não estou obtendo sucesso. Meu pessoal parece não se comprometer com nossos clientes e com a empresa, a produtividade tem declinado e o número de reclamações de clientes tem aumentado em quase cinquenta por cento em apenas seis meses, período de minha promoção para o cargo. Estou sofrendo muita pressão de meus gerentes, funcionários, clientes e diretores, e quando chego em casa, aquilo que deveria ser meu refúgio para recarregar "a bateria", recebo mais cobrança. Minha vida está um caos, estou a ponto de pedir demissão ou terminar meu casamento. – terminou ela, com a voz falhando e lágrimas nos olhos.

Aqueles pensamentos voltam a minha cabeça, mas desta vez como uma reflexão positiva, vejo no caso de Polianna a oportunidade de "repensar o que é mais importante para mim", então lhe digo:

- Polianna, vejo que está enfrentando diversas mudanças ao mesmo tempo, sei que isto nos tira da nossa zona de conforto e nos faz repensar e fazer as coisas de modo diferente. Nossas ideias são constantemente desafiadas, nos forçando a reavaliar e redefinir nosso ponto de vista e comportamentos, e você deve encarar esta nova fase de vida como uma oportunidade de reflexão e melhoria. Como diz *Seth Godin* em seu livro *"Sobreviver não é o bastante": A mudança também representa oportunidades para indivíduos alavancarem suas carreiras.*

Acreditando que já tinha definido os principais objetivos de Polianna em buscar meu auxílio disse-lhe:

- Então, Polianna, seus objetivos aqui são: eliminar suas dificuldades sociais, fadiga, perda de energia e desmotivação; adaptação a um novo posto de trabalho; gestão de conflitos relacionais; incremento e melhoria da liderança.

- É isso mesmo, Polianna? Ou você tem algo a acrescentar? - perguntei num tom de alegria e ao mesmo tempo de investigação.

- Sim, professor, é isso mesmo, você acertou realmente no alvo. Estou disposta a fazer o que for para resgatar minha autoestima e ser uma excelente líder de equipe, pois minha vida pessoal está sendo profundamente afetada com tudo isso – respondeu ela, com um brilho nos olhos, como se eu tivesse encontrado o caminho para a solução de seus problemas.

MAIS UMA VEZ AQUELES PENSAMENTOS VOLTAM a minha cabeça e passo a lembrar como fui indiferente com minha família, quantos passeios, férias cancelei por causa de minha "agenda lotada", quantas vezes Rafaela me cobrara atenção e carinho e eu dera sempre a mesma desculpa: querida é que tenho andado muito atarefado "trabalhando para garantir nosso futuro". Agora aqui estou, sozinho sem minha Rafaela, meu futuro, meu amor. Mas vejo em Polianna e sua decisão de "fazer o que for preciso" para salvar sua carreira e seu casamento um exemplo e um estímulo para reavaliar o modo como tenho conduzido meus relacionamentos, pois a vida é feita de relacionamentos. Este sim é nosso objetivo: temos que nos relacionar bem com nosso cliente para satisfazê-lo e fidelizá-lo, com nossos líderes e equipe para conviver num ambiente de trabalho agradável e um clima organizacional melhor, com nossos filhos e esposa para desenvolver um lar de plena satisfação e felicidade. Acho que estou progredindo, graças à Polianna.

Numa fração de segundos os pensamentos fogem da minha cabeça e volto ao foco do assunto:

- Muito bem Polianna, acho que estamos desenvolvendo uma relação de confiança e franqueza e já temos objetivos claramente definidos. Agora vamos começar com uma pergunta: Quem é o cliente para você?

- Essa é fácil, professor Marcos. Cliente é alguém que necessita de minha ajuda e de minha equipe para satisfazer suas necessidades. Sempre falo para minha equipe que toda a pessoa que entra em contato conosco a fim de comprar, pesquisar ou mesmo reclamar, é e deve ser tratada como um cliente em potencial, alguém muito importante para a sobrevivência de nossa empresa e de todos nós. Pois é o cliente quem paga as nossas contas, os nossos salários ou pró-labores. Sem o cliente a empresa se assemelha a um corpo sem alma, ou como Polianna sem seu marido. – terminou sua explanação com lágrimas nos olhos, o que acabou me contagiando profundamente, pois me sentia assim também, vazio como um "corpo sem alma", Marcos sem Rafaela.

Um pensamento não perturbador, mas sim motivador surge e começo a refletir secretamente: e se nós encarássemos todas as pessoas com quem interagimos como clientes, pois para mim o cliente é o nosso Patrimônio Maior, então, todos seriam importantes: a família, amigos, colegas de trabalho, líderes, vizinhos, pessoas carentes, etc. Sendo importantes, buscaríamos maneiras de satisfazer suas "reais necessidades", desenvolvendo excelentes relacionamentos. – flutuei por alguns segundos nesse pensamento, depois me voltei para Polianna e disse:

- Polianna, tive uma grande ideia e gostaria de compartilhar e desenvolvê-la juntamente com você, pois sei que vai te ajudar muito a entender seu duplo papel neste período de mudança e a desenvolver relacionamentos duradouros. Que acha? – disse isso mais para mim do que para Polianna.

- Excelente, professor! Não sei como poderei ajudar, mas se é para o meu bem topo sim, pois faço de tudo para virar o jogo e vencer os obstáculos. – respondeu ela, num tom de entusiasmo e receptividade à mudança.

- Ótimo, então vamos lá. Imaginemos que todas as pessoas com quem nos relacionamos ou mantemos contato sejam clientes. O que você vê nisso?

- Ah, professor, eu vejo "Clientes por todos os lados" e muito trabalho para satisfazê-los. – respondeu ela, sorrindo.

- Isso mesmo, Polianna, vejamos alguns conceitos sobre clientes: nas línguas de origem latina, como a nossa, cliente origina-se de *cliens, clients*, que significa vassalo, protegido de alguém, de um senhor. No dicionário encontramos: cliente, protegido. Plebeu que, entre os romanos, vivia da proteção e favores do patrício; pessoa protegida. Segundo Arruda e Piletti no livro Toda a História: *"Além dos patrícios, havia ainda (entre os romanos) os parentes pobres, os clientes, que prestavam serviços e beneficiavam-se da proteção da família"*.

- Nos programas de qualidade das organizações costumamos afirmar que a "Qualidade é caracterizada pela satisfação do cliente". Porém para considerar todas as pessoas que nos relacionamos como clientes, essa palavra precisa ter seu significado ampliado de forma extrema, e é o que faremos, pois como você mesmo disse Polianna: Há "Clientes por todos os lados" e muito trabalho para satisfazê-los.

- Fazendo uma comparação entre a origem da palavra cliente e o discurso da qualidade, percebemos a transformação, ou mesmo elevação do vassalo - plebeu pobre que prestava serviços e era protegido pelos nobres - para a condição de Rei. O grande exemplo disso está nos *slogans* que se proliferam no mundo dos negócios como: *O Cliente é o Rei; O Cliente em primeiro lugar*, etc.

- Então, professor, quer dizer que cliente era quem prestava serviços aos nobres e vivia de seus favores? Se isso é verdadeiro acho que posso afirmar que hoje nós, empregados, colaboradores de uma empresa somos verdadeiros plebeus pobres? - perguntou Polianna, não se contendo de tanta gargalhada.

- Engraçada conclusão, Polianna, mas infelizmente muitos líderes e diretores pensam desta forma ao se relacionarem com seus colaboradores e se esquecem que estes também são seus *clientes internos*, e que "as pessoas são o patrimônio mais valioso de uma organização". – disse isso com surpresa, pois logo pensei em minha esposa e filhos como meu patrimônio mais valioso.

- Parece que fiquei um pouco confusa, professor; funcionários como clientes? Então isso quer dizer que devo suprir as necessidades de uma equipe que nem mesmo me aceita? - disse Polianna, um pouco magoada.

- Calma Polianna, vamos dar um passo de cada vez. Vamos nos deter por enquanto na questão "Cliente", depois quando falarmos sobre liderança comentaremos sobre a aceitação de um líder por sua equipe.

- *Ok*, professor, mas confesso que já estou ansiosa e envolvida.

- Isso é bom, Polianna. Mas voltando ao assunto, vejamos o que Rosenbluth e Mc Ferrin, em seu livro *O cliente em Segundo Lugar*, dizem sobre o assunto:

Coloque seu pessoal em primeiro lugar e veja como eles darão o máximo de si (...) pessoas infelizes produzem um serviço infeliz e uma lucratividade declinante.

- No mundo dos negócios, quando falamos em valorização dos colaboradores, logo pensamos em remuneração, premiação em dinheiro, etc., mas nem sempre isso é verdade. Da mesma forma quando o assunto são as necessidades dos clientes externos, pensamos em oferecer produtos e serviços de qualidade a um preço acessível. Mas o que realmente motiva um colaborador ou cliente externo? Qual a relação da motivação com as necessidades dos indivíduos? Pois se os fatores que acabamos de apresentar (dinheiro, produto e serviço de qualidade) fossem os únicos capazes de satisfazer as necessidades das pessoas, seria muito fácil ter uma equipe comprometida e motivada com os objetivos das organizações e aumentaríamos facilmente o volume de vendas e dos lucros.

- Em 1987 o psicólogo Abraham Maslow constatou que as necessidades humanas apresentam diferentes níveis de força, daí ele estabeleceu a famosa "hierarquia de necessidades". Segundo Maslow, as necessidades humanas são classificadas em cinco grupos: fisiológicas, de segurança, sociais, de estima e de auto realização.

No primeiro grupo – fisiológicas – temos as necessidades básicas à manutenção da vida: alimento, vestimenta e abrigo. É pouco provável que as pessoas deem importância a outras necessidades se essas não estiverem satisfeitas. O segundo grupo – segurança – refere-se à necessidade de proteção, estar livre de perigos e da privação das necessidades básicas à manutenção da vida, as fisiológicas. Esse segundo grupo só manifestará sua força depois de satisfeitas as necessidades básicas. Elas se referem à manutenção do emprego e da propriedade, tão necessárias à satisfação das necessidades de alimento, vestuário e abrigo.

Depois de satisfeitas as necessidades fisiológicas e de segurança, o indivíduo passa a ter necessidade de relacionamento, de participar e de ser aceito por outros: necessidades sociais. Mas o indivíduo não quer somente participar ou ser aceito pelo grupo, ele quer ser estimado em termos de amor e reconhecimento pelos outros, daí passamos para o quarto grupo: necessidades de estima.

Satisfeitas as necessidades fisiológicas, de segurança, sociais e de estima, o indivíduo passa a ter necessidades de auto realização, ou como Antonio Carlos Gil, em seu livro *Gestão de Pessoas*, diz:

> *Neste nível, as pessoas desejam se tornar aquilo que são capazes de ser (...) este potencial varia de pessoa para pessoa.*

- Polianna, a teoria da hierarquia das necessidades de Maslow nos demonstra que muito mais que abrigo, vestuário, alimento, emprego, recompensas financeiras, participar e ser aceito pelo grupo, as pessoas necessitam de valorização, atenção e respeito dos outros. Segundo artigo de Patrícia Cançado na Revista Exame e Você S/A "150 Melhores Empresas para Você Trabalhar, ano 2006":

> *Os maiores salários nem sempre garantem mais satisfação e motivação do que um ambiente amistoso e de alta confiança.*

Um colaborador sente-se satisfeito e motivado quando é reconhecido e recompensado por um bom trabalho feito, quando tem confiança na empresa, líderes e colegas, quando trabalha num lugar limpo, seguro e confortável. – disse isso com tom de reflexão, pois percebi onde falhara com Rafaela. Anos e anos só me preocupei em formar um excelente patrimônio, mas esqueci que minha família era o patrimônio mais valioso confiado a mim e que a cada dia estava se depreciando.

- Então, professor, quer dizer que as pessoas têm diversas necessidades que competem por seu comportamento, onde a necessidade mais forte é que vai determinar o comportamento em determinado momento? - disse Polianna, num tom de descoberta.

- Isso mesmo, Polianna. O comportamento humano é motivado pelo desejo de atingir algum objetivo. Os motivos impulsionam e mantêm o comportamento das pessoas. Esses motivos podemos identificar como necessidades, então podemos dizer: os indivíduos são movidos pelas necessidades. Um grande exemplo disso é sua vinda aqui. O que te moveu a vir a esta sessão de *coach* e o que vai determinar em se você voltará para as próximas, neste momento?

- Entendi professor. Só estou aqui porque tenho a necessidade de melhorar meu desempenho profissional e pessoal, e retornarei, com certeza, pois estou completamente satisfeita e, além de estar satisfeita com a qualidade do serviço, sinto confiança nesta relação, pois o senhor demonstrou preocupação real com meu problema. Me sinto à vontade, parece que já te conheci há muito tempo. – disse Polianna, como um desabafo, para minha surpresa.

- Então, Polianna para responder à pergunta inicial, o que motiva os clientes, precisamos agora entender o que é motivação. Você poderia me ajudar nessa questão? – perguntei à Polianna.

- Claro, professor. Diante do que pude concluir, motivação é força que estimula as pessoas a agir e que esta força tem origem em necessidades não satisfeitas. Estas necessidades, por sua vez, competem pelo comportamento do indivíduo. Exemplificando: imagine você num deserto há dois dias com fome e sede. O que o motivará, o que te dará força necessária para continuar caminhando é a busca por estas necessidades: a fome e a sede, que são os agentes motivadores.

- Muito bem, Polianna. Você está progredindo muito. Agora me responda, qual é o seu papel como líder de equipe, em sua companhia? Você está desempenhando bem esse papel?

- Boa reflexão, professor Marcos. Meu papel como líder de equipe é gerar comprometimento e cooperação para o alcance dos objetivos da organização, mas acho que estou falhando nesta missão. – respondeu Polianna, num tom de frustração.

- No mercado de trabalho podemos encontrar pessoas competentes, dos mais diversos níveis, mas o que é difícil é encontrar pessoas comprometidas. Para desenvolver pessoas comprometidas conosco e com nosso negócio precisamos mantê-las motivadas, pois a motivação é o combustível da produtividade e o segredo para manter o comprometimento. Por isso o líder precisa estar atento a isso, identificando necessidades e criando condições para a manutenção do ambiente motivador.

- Com o cliente externo também é assim, pois ninguém compra produto ou serviço, o que eles estão interessados é nos benefícios que ele pode lhe oferecer. Por exemplo, quando você vai a uma loja de roupas e compra um vestido para festa, o que é que você busca neste vestido?

- Ah, professor, eu espero que seja um vestido bem elegante, confortável e que eu me sinta bem bonita nele. - disse Polianna, não contendo os risos.

- Isso mesmo Polianna, você não está interessada num vestido simplesmente, mas sim nos benefícios que ele pode te proporcionar: conforto, elegância e que te deixem mais bonita do que já é. – disse isso, como um elogio e respeito à Polianna, pois ela era muito bonita.

- Percebeu Polianna, compramos baseados nos benefícios que um produto ou serviço pode nos proporcionar, ou seja, somos motivados a comprar através de nossas necessidades. Estou falando apenas de motivação e satisfação de necessidades, fidelização é outro assunto que abordaremos mais tarde.

- Acho que podemos ampliar este pensamento sobre a motivação e satisfação de necessidades para nossos relacionamentos de um modo geral, pois temos clientes por todos os lados. Pense em seu cônjuge, o que o está desmotivando? Não é uma necessidade não satisfeita?

- E você, por que não é aceita por sua equipe? Porque eles apresentam um mal desempenho, não estando comprometidos com os objetivos organizacionais?

- A resposta para todas essas questões é muito simples: necessidades não satisfeitas geram desmotivação, insatisfação, ausência de comprometimento e baixa produtividade.

Neste momento percebi quantas necessidades deixei de suprir de minha esposa e família, a ponto de gerar desmotivação em nosso casamento. Supri as necessidades fisiológicas, de segurança, mas as de estima, quase sempre falhara. Sempre fui cobrado por atenção, carinho e tempo em nossa relação, mas sempre pensava que estava priorizando minha família ao lotar minha agenda e viver em função do trabalho. Acho que a cura estava sendo processada tanto para mim como para Polianna.

- Professor, começo a compreender o quanto estou sendo negligente com meu esposo e equipe, quantas necessidades não supridas tenho deixado nestas relações. Se é na vida profissional só tenho cobrado de meus subordinados, ou melhor, clientes internos. Não tenho olhado para eles como pessoas com necessidades, mas como pessoas que devem atender as minhas. Achei que através da pressão, reclamações e punições conseguiria atingir minhas metas, mas o que obtive foi uma equipe insatisfeita e desmotivada, com resultados cada vez mais declinantes. Na vida pessoal estou um trapo, chego cansada, não dou carinho e atenção ao meu esposo e sou cobrada por isso. Os conflitos acontecem porque não gosto de ser reclamada e nem cobrada, acho que o que gosto mesmo é de ser a dona da razão, mas no fundo sei o quanto tenho sido negligente no casamento. Tenho que entender que meu marido também é meu cliente, alguém com quem tenho que desenvolver um excelente relacionamento, a fim de suprir suas necessidades. – disse Polianna, como se estivesse descobrindo a receita da felicidade.

- Mas professor, se eu for satisfazer todas as necessidades de meus colaboradores, a empresa vai à falência. - Concluiu ela, meio confusa.

- Boa conclusão, Polianna. Precisamos deixar algo muito bem claro aqui, nem sempre o que queremos é o que precisamos. Satisfazer vontades é bem diferente de satisfazer necessidades. Vejamos o que Simeão, personagem do livro *O Monge e o Executivo* de James C. Hunter, diz sobre essa diferença:

> *Uma vontade (...) é simplesmente um anseio que não considera as consequências físicas ou psicológicas daquilo que se deseja. Uma necessidade (...) é uma legítima exigência física ou psicológica para o bem-estar do ser humano.*

- Agora entendi melhor, professor: quer dizer que eu, como líder, devo satisfazer as reais necessidades de meus colaboradores, para que eles possam desenvolver sua tarefa num ambiente de motivação e comprometimento. Para tanto, nem tudo que eles querem é o que eles precisam. Imagine se eles me exigirem um aumento de 50% nos seus salários, ou uma redução da carga horária de trabalho em 30%, isso levaria a empresa à falência rapidamente. Por outro lado, eu sei que as pessoas necessitam ser reconhecidas e recompensadas por seu trabalho bem feito, estimuladas a alcançar as metas, ter um ambiente de trabalho motivador, isso sim é satisfazer suas reais necessidades.

- Muito bem, Polianna, vejo que você entendeu e está disposta a mudar. Agora vamos para mais um conceito: servir. Por favor, Polianna, pegue aquele grande dicionário na estante, atrás de você, e encontre para nós o significado da palavra "serviço".

- *Ok*, professor. - neste momento ela se direciona à estante pega o dicionário, folheia-o e encontra a palavra.

- Achei, professor! Aqui diz que a palavra, no latim *"servitiu"*, significa ato ou efeito de servir, assistência, ação útil ou benéfica. – disse Polianna, como se tivesse descoberto o mundo.

- Muito bem, Polianna, deixe-me contar uma história: meu pai adotivo é um grande homem, ele me criou num lar de disciplina e amor. Ele é um batista que ama as pessoas e está sempre disposto a servir o próximo. Lembro-me de uma das frases que ele repetia sempre para mim:

Meu Filho, se você quiser algum dia se tornar grande, sirva às pessoas.

- Certa vez, quando eu ainda tinha uns 3 anos de idade, fui levado ao hospital, pois estava vomitando muito. Ao chegar ao hospital geral de Guarulhos tivemos que aguardar alguns minutos para sermos atendidos. Meu pai, por me amar muito, não aguentou esperar muito tempo, lá estava ele conversando com o segurança, a fim de agilizar meu atendimento. O segurança o informou que já havia solicitado à enfermeira-chefe para agilizar meu atendimento, pois ele notou que eu estava vomitando muito e precisava ser atendido com urgência. Mas a enfermeira-chefe chamou a atenção do segurança, pois todos deviam obedecer à fila de espera, "era o procedimento do hospital". Após agradecer ao gentil segurança, meu pai se direciona até a recepção para falar com a enfermeira-chefe e a atendente o aborda dizendo "não podemos fazer nada, é o procedimento", mas mesmo assim ele consegue fazê-la ligar para a enfermeira-chefe. Ao pegar o telefone, meu pai olha para a porta de entrada do hospital e vê aquele segurança entrando apressadamente com um homem todo ensanguentado, o qual tinha em seus braços uma criança de mais ou menos 7 anos, cabelos pretos compridos, com um corte profundo na barriga, de tal modo que seu intestino saiu e seu pai o segurava como se fosse um cordão umbilical.

- Naquele momento meu pai esqueceu a sua pressa e que eu estava vomitando, largou imediatamente o telefone e saiu da sala, dando passagem àquele pai sofredor, com sua filha nos braços.

- Após uns cinco minutos, o segurança que ajudou o pai sofredor, e que tentara agilizar meu atendimento, volta à recepção central e, não suportando as lágrimas, vai para a parte externa do hospital e ali chora timidamente. Mas, mesmo assim, acha equilíbrio para dar assistência ao pai e à mãe daquela pobre criança. Ele mais parecia um assistente social do que um segurança de hospital público. Meu pai, um jovem batista fiel, meio atônito, se dirige àquele bom homem e diz:

- Você demonstrou, através de suas atitudes e comportamentos, o que é amar, pois quem ama serve de coração. Fica em paz. O que você podia fazer já fez. Agora é com o Senhor Jesus Cristo. Ele vai curá-la. Você crê?

- Senti a dor daquele pai ao ajudá-lo, sei que o caso é muito delicado, pois o vaso sanitário, mal colocado, virou com ela quebrando e provocando aquele corte profundo. Mas eu creio, sei que ela será curada. – disse o segurança, enxugando as lágrimas com a manga da camisa.

- Enquanto meu pai e o segurança conversavam a família e os amigos daquele pai desesperado chegam ao hospital e, como numa fração de segundos, aquele segurança se direciona àquelas pessoas e os conforta, informando que a criança e os pais já haviam sido encaminhados para a enfermaria e que eles poderiam se encaminhar para a recepção central, onde seriam informados sobre o andamento da cirurgia.

- Até hoje me questiono: como pode um segurança ser tão sensível ao sofrimento humano em um hospital público e, ao mesmo tempo, ser profissional? Mas acho que a resposta meu pai havia dado àquele bom homem: ele serviu com amor e dedicação.

Tenho plena certeza que aquela criança foi curada e aquele jovem segurança ficará na memória de meu pai e daquela família, pois, naquele dia, aquele simples segurança se tornara grande, pois ele serviu com amor.

- Para sermos excelentes líderes, cônjuges e treinadores, precisamos servir aos nossos colaboradores, maridos, esposas, clientes externos, enfim, precisamos enxergar que há clientes por todos os lados. – concluí aquela sessão de forma inteligente.

- Agora, Polianna, passarei um dever de casa para você: como vimos hoje conceitos importantes sobre clientes, motivação, necessidade, satisfação, serviço, sua tarefa é encarar todas as pessoas com as quais você venha manter contato, em casa ou na organização, como clientes, alguém que você deve servir para ser grande. Converse francamente com sua equipe e cônjuge, tire as sujeiras emocionais debaixo do tapete e encare-os como importantes para o seu sucesso. Só um lembrete: não vá querer vender algo para seu marido não, *ok*? - finalizei em tom de gargalhada.

Neste instante Polianna me abraça espontaneamente com os olhos cheios de lágrimas que insistem em deslizar pelo seu rosto, mas seu rosto não demonstra sinal de tristeza e sim de alegria, como o primeiro passo para o sucesso profissional e pessoal. Despedimo-nos calorosamente e ela, sem palavras, sai de minha sala com um sorriso no rosto, parecendo me dizer: "eu vou conseguir, você vai ver, professor".

AO FECHAR A PORTA DE MINHA SALA de atendimento, estava eu ali novamente sozinho, mas acho que algo começara a mudar dentro de mim, percebi onde estava falhando e entendi que aquele tempo que Rafaela me dera era a oportunidade para me tornar um pai e marido melhor. Naquele instante resolvi ligar para o celular de Rafaela para contar a boa-nova, mas seu telefone estava desligado, fiquei angustiado, sem saber o que fazer. De repente um barulho, era a porta de minha sala que abria, meu cliente chegara. Tive apenas alguns segundos para me recompor, antes de receber meu cliente: Gabriel dos Santos, vendedor de planos de saúde, 27 anos, solteiro, um ano de empresa.

- Bom dia, Gabriel, você parece melhor agora.
- Sim, estou mesmo, seus conselhos foram decisivos para melhorar minha performance. – disse Gabriel, entusiasmado.
- Que bom, Gabriel. Sente-se e me conte seus avanços durante a semana.
- Professor, comecei a encarar todas as pessoas que eu tenho algum tipo de contato como um cliente, com necessidades específicas e que precisam de mim para solucionar seus problemas. Também considerei, neste novo modo de me relacionar com as pessoas, que ninguém compra produto, nem mesmo eu, nós estamos interessados é nos benefícios que ele pode nos dar. Outro aprendizado decisivo, para melhorar meu desempenho, foi considerar como fundamental, para o desenvolvimento de uma relação duradoura, a conquista da confiança. O resultado foi fantástico, professor. Antes eu argumentava, argumentava, sem grandes resultados, mas quando coloquei a conquista da confiança como prioridade, meus argumentos se tornaram mais eficazes, pois os clientes passaram a acreditar em mim e me veem como seu amigo, alguém que pode lhes ajudar. Para exemplificar, professor Marcos, vou contar-lhe um caso que aconteceu comigo semana passada:

- Realizei uma visita a uma cliente em potencial, na zona sul de São Paulo, era uma senhora de 50 anos, dona de uma rede de farmácias. Ela pretendia fazer um convênio médico-odontológico para seu neto recém-nascido e seus dois filhos. Cheguei pontualmente às quatro horas da tarde em sua residência, que, por sinal, era uma excelente casa. Fui gentilmente recebido por sua governanta, que me encaminhou à sala de espera. Após uns três minutos, desce as escadarias daquela luxuosa casa, dona Marli, como é chamada minha futura cliente. Confesso que fiquei um pouco nervoso, era meu primeiro atendimento depois da sessão com o senhor, professor, mas lembrei-me de cada orientação do meu *coach*, e isso fez grande diferença para mim. Passei a semana toda estudando sobre as características, benefícios e vantagens de meu produto, sobre as condições de pagamento e preços, sobre minha empresa, assim como dei uma olhadinha nos preços e produtos concorrentes. De informação me senti seguro, agora era colocar em prática tudo que aprendi e reaprendi. Foi o que fiz: abri nossa conversação seguindo três princípios, que o senhor me recomendou: a abertura não deve ter relação com a venda, deve ser pessoal e criativa. E disse-lhe:

- Boa tarde Senhora Marli, sou o Gabriel, da empresa Saúde Vida. É um prazer lhe conhecer e poder elogiar sua casa e o bom gosto de sua decoração. - Comecei elogiando sua casa e a decoração.

- Com isso consegui arrancar um sorriso de seu rosto. Depois de nos apresentarmos formalmente e de falarmos sobre a decoração, pintura e arquitetura da casa, voltei ao objetivo da visita e a abordei com uma pergunta aberta, a fim de sondar suas necessidades:

- Bem, Senhora Marli, diga em que posso lhe ser útil. Fale-me sobre sua necessidade de adquirir um plano de saúde para sua família e quais são as suas expectativas com relação aos nossos serviços. - neste momento ela começa a falar sobre suas necessidades e expectativas; tudo que eu queria!

- Fiquei de ouvidos bem abertos para tudo que ela me dizia, informações como: quantidade de pessoas, idade dos segurados, insatisfação com outras seguradoras, preços praticados, benefícios esperados, que foram fundamentais para que eu processasse em minha mente argumentos poderosos para toda objeção ou dúvida que ela me apresentasse. Mas meu foco, em primeiro lugar, era desenvolver uma relação de confiança com a Senhora Marli, para tanto me importei verdadeiramente com seu problema, ou seja, com suas necessidades, e apresentei meu produto, baseado nas necessidades apontadas, como uma solução efetiva para seu problema. Meus argumentos foram trabalhados em torno dos benefícios esperados pelo meu produto, que satisfizessem suas necessidades. Foi um sucesso, professor! O resultado foi melhor do que eu esperava, além de conquistar a confiança da Senhora Marli, consegui fazer os planos de saúde de seu neto, seus filhos e, mais que isso, fechei um contrato corporativo com sua rede de farmácias, oferecendo planos de saúde para seus 280 funcionários. Hoje sei que o segredo do sucesso é servir ao cliente, se preocupando verdadeiramente com suas necessidades, conquistando sua confiança e apresentando soluções através dos benefícios que meu produto ou serviço pode oferecer a ele. – completou Gabriel, com um largo sorriso no rosto.

Após a conclusão de Gabriel percebi duas conquistas: melhoria em seu desempenho como profissional de vendas consultivo e a volta da autoestima e da motivação, tão necessárias para manter o seu sucesso. Mas uma coisa em sua explanação me chamou a atenção: a importância da conquista da confiança no desenvolvimento e na manutenção dos relacionamentos. Daí, comecei a repensar meu casamento, em como fui negligente com Rafaela e meus filhos. Achei que fidelidade era apenas não trair nossos cônjuges ou amigos. Quando me casei com Rafaela, ela viu em mim o homem que supriria suas necessidades mais íntimas como amor, carinho e atenção, pois esta foi a imagem que eu passei para ela durante o período de namoro e de noivado. Ela passou a confiar em mim, sabia que seria feliz e encontraria motivação para viver comigo "até que a morte nos separasse", porém não foi assim. Suas expectativas foram frustradas à medida que não me importei com suas "reais necessidades", pois pensara em meu subconsciente que, suprindo as necessidades básicas e de segurança, manteria um casamento feliz. A confiança está intimamente ligada ao nível de importância que damos às necessidades do outro e o que fazemos para atendê-las ou mesmo superá-las, é o que chamamos de fidelidade. Por um momento, fiquei preso a estes pensamentos, mas voltei-me ao foco:

- Muito bem, Gabriel, você deu um grande passo esta semana. Agora vamos recapitular o que aprendemos na última sessão e avançar mais um pouco. Direcionei-me ao quadro magnético, peguei o pincel atômico e escrevi:

Perfil de competências do profissional de vendas:

ANTIGO PARADIGMA	NOVO PARADIGMA
Focado no produto	Voltado para o consumidor
Baseado em resultados	Baseado em valor agregado
Poucos serviços	Excelência em serviços
Distância do cliente	Próximo ao cliente
Burocrático	Competitivo
Imediatista	Visão de longo prazo

A globalização, a oferta crescente de produtos e serviços, as transformações tecnológicas e a inovação são algumas das tendências e mudanças que estão afetando o perfil de competências, necessário para obter sucesso nas áreas de vendas e atendimento ao cliente, ou seja, aquilo que era receita de sucesso no mundo dos negócios ontem, não é válida para hoje.

- É verdade, professor Marcos, estamos vivendo um período altamente competitivo, numa mesma rua, ou avenida comercial, encontramos diversos concorrentes disputando entre si consumidores. – concluiu Gabriel, demonstrando interesse e motivação.

- Boa colocação, Gabriel. O interessante disso tudo é que, quem fica feliz é o cliente, pois tem maior número de opções de compra, daí as empresas travam verdadeiras batalhas pelo mercado, onde vencerá quem for mais forte, ou seja, aquela empresa que conseguir voltar-se completamente às reais necessidades dos clientes, desenvolvendo programas de fidelização, mantendo os antigos e atraindo novos clientes. É nesse cenário que o cliente se torna mais informado, crítico e conhecedor de seus direitos, sendo disputado e bajulado pelas empresas. Tudo isso contribui para que ele passe a ser mais exigente.

- Pois é professor, acabou aquela velha estória de vender "gato por lebre", ou "Cliente é igual a biscoito: vai um e vem dezoito". – sorriu Gabriel.

- É chegado o momento de mudar os velhos paradigmas, ou seja, aqueles padrões que tínhamos como verdadeiros. De focados apenas nos produtos, passamos a nos preocupar com as reais necessidades dos clientes. Buscamos mecanismos para conquistar, manter e fidelizar clientes; toda a organização precisa estar comprometida e compromissada com a grande missão de "satisfação plena das reais necessidades dos clientes". É a empresa voltada ao cliente, onde todos os departamentos mobilizam-se para superar as expectativas de seus clientes. - completei com entusiasmo.

- De baseados em resultados, passamos a insistir em oferecer maior valor agregado ao cliente, pois os resultados virão à medida que nosso produto ou serviço for mais "valioso" aos olhos do cliente. Passamos de distantes do cliente para uma maior proximidade do cliente, de olhos e ouvidos abertos para suas necessidades, a fim de superar suas expectativas.

- A concorrência nos tirou do comodismo. Passamos a dar mais importância à satisfação plena dos nossos clientes, eliminando tudo que venha contribuir para sua insatisfação, pois um cliente insatisfeito multiplica negativamente a imagem da empresa.

- Diante disso tudo, professor, acredito que a imagem do profissional de vendas e de atendimento mudou na cabeça do consumidor; o que nós representamos para ele hoje? – indagou Gabriel, de forma inteligente.

- Bem, Gabriel, um dos maiores motivos para o não fechamento de uma venda é a sensação que o cliente tem de que estamos querendo vender algo que realmente não lhe interessa. É como se ele pensasse: *"Este vendedor está precisando cobrir sua meta de vendas e está querendo me empurrar este produto ou serviço"*.

- Isso mesmo, professor, mas em muitos casos ele tem mesmo razão de pensar assim, pois alguns vendedores estão mais preocupados com sua comissão do que com as reais necessidades dos clientes. Eu mesmo era assim, não entendia que através de uma sincera preocupação com as reais necessidades dos meus clientes eu conseguiria, não só vender, mas o mais importante: conquistar sua confiança. – disse Gabriel, sentindo-se o grande vendedor.

MEUS PENSAMENTOS ROUBAM A CENA, por um momento, e começo a refletir em como eu não busquei entender as "reais necessidades" de minha esposa e filhos, todas as vezes que Rafaela me chamava para conversar sobre esse assunto, brigávamos, pois eu sempre dizia: "Trabalho igual a um burro de carga, para manter uma vida de conforto e segurança e você só reclama, não aguento mais esta pressão!". - concluía, sempre fugindo da conversa. Nunca parei para refletir sobre a importância de descobrir e estar atento às necessidades de minha esposa, hoje tenho este tempo para refletir, embora sem ela ao meu lado, nem mesmo consigo telefonar para ela, mas prefiro pensar que nada é por acaso, e como meu pai adotivo sempre me dizia:

Todas as coisas cooperam para o nosso próprio bem.

Não deixando Gabriel perceber, me recomponho numa fração de segundos, volto-me para ele e afirmo:

- Tem razão, Gabriel. Como você poderia ter sucesso se nem ao menos conseguia conquistar a confiança de seus clientes? Onde está o erro? O erro está numa postura que chamamos de autocentrada.

- Postura autocentrada? Isso o senhor não me falou, professor. - disse Gabriel, em um tom de dúvida.

- Sim, Gabriel, postura autocentrada. Nesta antiga postura, o vendedor estava mais interessado em atender suas necessidades pessoais do que as do cliente. Por isso dizemos que ele não estava sinceramente interessado com os problemas dos clientes, mas sim com suas metas e comissões.

- A base do sucesso de uma carreira é uma postura nova e corajosa, que chamamos de: voltada para o cliente. Ela leva o profissional ao ponto mais importante de sua relação com seus clientes: a conquista da confiança. E isso não se consegue facilmente, pois exige um sincero interesse pelas necessidades dos clientes, muita dedicação ao produto ou serviço, conhecimento da empresa e da concorrência. – concluí pensando no meu sucesso profissional e me questionando interiormente: vale a pena estar realizado profissionalmente, sem estar pessoalmente?

- É a confiança que vai determinar quantos clientes são realmente nossos. Certo, professor?

- Você está me surpreendendo, Gabriel. Pelo visto está estudando muito e se esforçando em aplicar cada conceito aqui desenvolvido. Mas voltando ao seu questionamento, eu devolvo sua pergunta: Gabriel quantos clientes são realmente seus?

Após pensar alguns segundos, Gabriel responde: - Bem professor, esta pergunta é muito complicada, pois nem todos que compram uma vez de nossa empresa são nossos clientes; ou são? Acho que fiquei meio confuso.

- A palavra cliente vem sofrendo variação significativa de seu conceito. Antigamente, era qualquer pessoa que comprasse nossos produtos ou serviços. Hoje, clientes são pessoas que confiam em nós, reconhecendo nossas características de qualidade, e, percebendo uma afinidade na forma de atuar, compram nossos produtos ou serviços, por um preço justo e voltam a comprar. Veja este gráfico – neste instante me direciono ao quadro magnético e desenho algumas caixas:

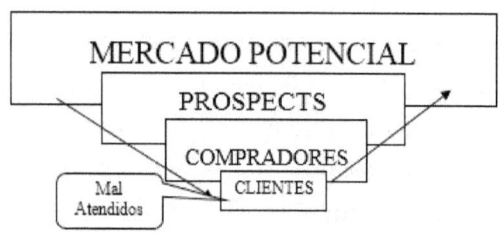

- Imagine o mercado como quatro caixas, umas dentro das outras: a dos clientes dentro da caixa dos compradores, e está dentro da caixa dos *prospects* e esta última dentro do mercado potencial. A empresa inicia seu movimento, filtrando ou qualificando as pessoas a serem trabalhadas, o público alvo. Destes, alguns são prospectados. Mas nem todos os consumidores prospectados comprarão nossos produtos ou serviços. Alguns destes consumidores tornam-se compradores, mas nem todos os compradores se tornam clientes.

- Se alguém para de comprar é porque houve uma quebra de confiança e este cliente volta para uma das outras caixas do mercado. Há uma relação direta entre essa quebra de confiança e o nível de predisposição à concorrência, pois como vimos anteriormente: Há concorrentes por todos os lados! – finalizei, com um sorriso no rosto.

- Compreendi perfeitamente, professor. A qualidade da confiança, no relacionamento com o cliente, é decisiva para a manutenção deste. – disse Gabriel.

- Agora você já está falando de fidelidade, Gabriel. Vejamos em uma frase o que mantém um cliente fiel:

Aquilo que o Cliente sente pela empresa e também a qualidade da confiança no relacionamento com ela desempenham um papel significativo na decisão de permanecer fiel ou não.

- Então eu posso dizer que para manter um cliente fiel eu devo satisfazer suas necessidades e manter uma relação de confiança? – perguntou Gabriel.

Respondi: - Bem, Gabriel, precisamos deixar claro uma coisa: manter clientes satisfeitos, não garante que eles mudem para a concorrência, pois clientes satisfeitos mudam facilmente, porém clientes fiéis não. Citemos um exemplo para melhorar sua compreensão, Gabriel:

- Estive em uma cidade do interior do Rio Grande do Sul para realizar um congresso empresarial. Chegando lá, procuramos um hotel com um auditório confortável, a fim de realizar o evento. Daí fomos até o Hotel Weiand, um hotel luxuoso e tradicional da cidade, com várias salas e auditórios para congressos, palestras e treinamento. Mas o que mais me deixou surpreso foi o atendimento recebido pelo pessoal da recepção e eventos. Estava vestido de forma simples, pois acabara de chegar na cidade e, mesmo assim, fui atendido de maneira cordial e calorosa. Nunca me esquecerei do atendimento de um jovem universitário, do curso de Administração, que era responsável pelo setor de eventos. Recebera-me muito bem, sempre demonstrando preocupação com nossas necessidades, apresentou-nos todas as salas e auditório disponíveis, bem como nos ofereceu café, água ou suco. Sentimo-nos muito importantes e especiais para aquela organização.

- Pode ter certeza, Gabriel, nós não apenas ficamos satisfeitos, mas sim plenamente satisfeitos, sempre que formos para aquela cidade, não só nos hospedaremos naquele tranquilo hotel, mas, também realizaremos sempre nossos congressos ali, isso é que é fidelização. Mas quando me lembro de certo Hotel, no mesmo estado, logo lembro da ausência de esforço e preocupação em superar as expectativas dos clientes; parece que estamos pedindo um favor, onde a obrigação das pessoas destas organizações é apenas satisfazer necessidades e não superar expectativas, oferecer algo a mais, maior valor agregado, como veremos mais adiante.

- Nunca mais voltarei a esta empresa, pois empresas que satisfazem necessidades, ou seja, aquelas que me dão o que eu solicito, estão por toda parte, mas empresas que superam nossas expectativas, esta sim é difícil de encontrar.

Clientes satisfeitos podem mudar facilmente de fornecedor, mas os plenamente satisfeitos é que são fiéis.

- Ao satisfazer as necessidades dos clientes, não estamos fazendo nada além de nossa obrigação, mas se queremos fidelizá-los devemos fazer algo a mais, começando pela conquista da confiança, através de um ótimo relacionamento. Eu bem sei disso. – concluiu Gabriel, olhando para baixo.
- Perfeitamente, Gabriel, acho que você já está preparado para passar de fase. – sorri para ele.
- Gabriel, tive uma ótima ideia! Vamos fazer o seguinte: tenho alguns clientes, assim como você, necessitando melhorar seu desempenho profissional e pessoal. Acho que será muito interessante desenvolvermos o próximo tema juntos. Para isso, gostaria muito de levá-los para meu sítio no interior de São Paulo, lá poderemos nos desligar completamente das preocupações do dia-a-dia e nos focalizarmos na melhoria de desempenho e no cultivo de melhores relacionamentos, priorizando o equilíbrio vida profissional-pessoal, e acho que o próximo final de semana será ótimo, pois temos um feriado prolongado de quinta a domingo, que acha?
- Professor, isso é tudo que eu preciso, pois, apesar da melhoria em meu desempenho profissional, estou passando por sérios problemas em casa. Nem parece não é? Estou tentando não

demonstrar para as pessoas e nem deixando que isso interfira na minha vida profissional. Mas estou muito triste, pois meu pai foi embora com outra mulher e minha mãe está sofrendo muito, já tentou até o suicídio. Não sei o que faço, pois além de dar uma de psicólogo sem formação, tenho que manter a casa. – desabafou Gabriel.

- Que ótimo... Quer dizer, que ótimo que você vai poder ir, e que pena isto tudo estar acontecendo contigo, mas acredito que este nosso retiro vai te ajudar muito. - disse isso para Gabriel e interiormente pensava: e a mim também.

Despedimo-nos com o compromisso firmado para o retiro. Entrei em contato com Polianna e também obtive uma resposta positiva. Pelo menos tenho companhia para o feriado. Tenho uma leve impressão que este final de semana será de grande valia para mim e para eles também.

JÁ ERAM DOZE HORAS E TRINTA MINUTOS, quando concluí meu atendimento. Confesso que estava me sentindo bem melhor, mas ao mesmo tempo me questionando como pude manter uma postura profissional diante de um momento tão conturbado em minha vida pessoal. Senti-me "o médico doente curando muitos".

Nesta hora parece que a fome vai embora, mas mesmo assim me direciono ao restaurante que sempre almoço, pois às duas horas da tarde tenho atendimento.

Ao chegar ao restaurante estava lá aquela mesma moça simpática, sempre com um sorriso verdadeiro, cumprimentando cada cliente de forma pessoal e criativa, entregando a comanda de serviço. O restaurante estilo *self-service*, bem organizado, limpo e com uma variedade de alimentos com um cheiro agradável e gostoso, atraía pessoas nos mais diversos locais da cidade. Cada garçom sempre atento aos sinais de necessidades de algum cliente, com uniformes limpos e um sorriso, como se dissessem "estamos aqui para servi-los".

Após me servir, me direciono a uma mesa, situada no canto do restaurante, como se eu quisesse ficar longe de todos, para comer e refletir sobre tudo que aconteceu no dia de hoje.

Ao chegar próximo à mesa, um gentil garçom puxa a cadeira para que eu me sente e pergunta: - Seja bem-vindo, Senhor Marcos, deseja o mesmo suco de sempre: laranja com gelo e açúcar? Fiquei surpreso, pois frequentei aquele restaurante apenas umas cinco vezes e já era visto como um cliente especial.

Por um momento, começo a refletir sobre a importância do valor agregado ao cliente, para superar suas expectativas: se aquele não era um dos mais baratos da cidade, porém sua clientela era crescente e parecia que todos estavam felizes com a comida e os serviços oferecidos por aquela empresa. Daí formou-se em minha mente a seguinte sentença:

$$\boxed{\text{VALOR FORNECIDO} = \text{VALOR PERCEBIDO} + \text{PREÇO}}$$

O valor fornecido ao cliente é formado pela combinação entre o valor que ele percebe ao entrar em contato com a organização, mais o preço pago pelo produto ou serviço. O valor que o cliente percebe é definido pelos seguintes fatores: produto, serviço, pessoal e imagem.

$$\boxed{\text{VALOR PERCEBIDO} = \text{produto} + \text{serviço} + \text{pessoal} + \text{imagem}}$$

Tornei-me cliente desse restaurante porque percebo que o produto fornecido aqui é de ótima qualidade, e o atendimento é eficaz, pois o pessoal parece estar sempre atento às nossas necessidades - comprometidos, cordiais, educadíssimos – e a imagem desta empresa, no mercado, é de excelência, pois é vista como a número um do mercado. Esse sim é o valor que eu percebo deste restaurante.

A outra combinação do valor, fornecido ao cliente, é o preço. Apesar de não ser um dos mais baratos, muitos clientes insistem

$$\boxed{\text{PREÇO} = \text{Valor monetário, Custo de tempo, Desgaste psicológico}}$$

em ser fieis a esse restaurante. Daí pensei, porque isto acontece, já que o cliente quer mais qualidade e menor preço? Mais uma vez minha mente formulou outra sentença:

Então concluí que preço não é apenas valor monetário, mas sim o custo de tempo e desgastes psicológicos no relacionamento do cliente com a organização. Muitos restaurantes da região estão superlotados e com poucos funcionários, contribuindo para uma lentidão no atendimento. Sem contar no desgaste psicológico proporcionado quando solicitamos um suco com açúcar e vem sem, ou a comida fria, ou o ar condicionado ineficaz. Não tenho muito tempo para almoçar, às vezes tenho apenas alguns minutos, como rapidamente e vou atender a minha agenda.

Muitas vezes, como diz a máxima popular: *"O barato acaba saindo caro"*.

Sou cliente desse restaurante porque o valor do que ele me fornece é superior do que o que a concorrência, e sou capaz de pagar um pouco mais por isso.

APÓS O ALMOÇO VOLTEI AO MEU ESCRITÓRIO, pois tenho que atender meu próximo cliente: Carlos de Oliveira, Gerente Comercial de uma metalúrgica, 38 anos, casado, pai de três filhos, com problemas no desempenho gerencial, resistência à mudança e estilo de liderança ineficaz.

Cheguei ao meu escritório, cumprimentei minha secretária, a Senhorita Juliana, com um sorriso: - Olá Juliana, estamos de volta, almoçou bem?

- Claro, professor, acho que comi além da conta. Como o Senhor está? Achei-o um pouco triste e pensativo. – me interrogou Juliana.

- É verdade, você notou bem. Hoje não foi um dia ótimo para mim, mas com os atendimentos estou me sentindo melhor, acho que estou aprendendo com meus clientes. – sorri para Juliana.

Após responder-lhe, entro em minha sala de atendimento. Tenho ainda uns dez minutos para pensar. Então começo a me lembrar de meu pai adotivo, como seu lar era feliz. Hoje com sessenta e cinco anos de idade, continua cultivando excelentes relacionamentos. Pensei em ligar para ele e convidá-lo para participar de nosso retiro. Foi o que fiz.

Ao atender o telefone lhe disse: - Olá Papai, como o Senhor está?

- Oi, meu filho, eu estou muito bem e sua mãe também, mas me conte como vai você, pois andei sonhando com você e não foi coisa boa não. Achei que era paranoia de minha cabeça, mas me conta: tá tudo bem com você, me conta tudo, não me esconda nada, por favor, pois você sabe o quanto te amamos, apesar da distância nunca nos esquecemos de você. – concluiu meu pai adotivo.

Aquelas palavras soaram como uma motivação para mim. Tudo que eu precisava ouvir era que alguém se importava comigo e me amava. Sentindo-me melhor, respondi:

- Meu querido pai, Deus te deu o dom do sonho, e você sabe disso. Acertou em cheio, não estou nada bem e estou te ligando para te convidar a passar o feriado em meu sítio, pois farei um retiro com alguns dos meus clientes e tive a brilhante ideia de convidar um preletor, para ministrar uma palestra sobre a "necessidade de servir". Ninguém melhor do que um batista, de sessenta e cinco anos de idade e quarenta de dedicação ao próximo, para nos mostrar a essência de servir ao próximo. Agora me conte, rapidamente, como foi o sonho?

- Fico lisonjeado pelo convite meu filho, e prontamente o aceito, pois sei que além de seus clientes, você está precisando ouvir alguns conselhos. E com relação ao sonho: sonhei que você estava num canto de uma casa vazia, chorando copiosamente, vestido com roupas de criança. Parecia uma criança abandonada pela família e que necessitava de carinho. – completou meu pai.

Ao ouvir o sonho de meu pai, me arrepiei completamente, e, como não pudesse controlar, comecei a chorar timidamente. Com a voz toda trêmula, disse a ele: - Tenho que desligar agora, pois vou atender um cliente. Então estamos combinados, próximo feriado, dia 21, lá no sítio. Estarei lá às cinco horas da manhã, preparando tudo para iniciarmos o retiro.

- Tudo bem, meu filho, tá combinado. Vou levar uma pessoa para participar também, você vai gostar dela. Fica em paz. Estamos orando por você, e ao final do retiro tenho uma ótima notícia para te dar, fica com Deus. – desligou meu pai, com um tom de felicidade.

Imediatamente, ao desligar o telefone, me recompus. Enxuguei meu rosto e me preparei para atender. Parece que estava sabendo, em frações de segundos meu cliente bate à porta e entra.

Saudei-o cordialmente: - Boa tarde, senhor Carlos, como tem passado?

Meio irado, Carlos me responde: - Boa tarde, acho que não está tudo bem para mim não, pois a fábrica me mandou vir para cá!

Logo percebi a dura batalha que travaria para conquistar a confiança deste pobre homem. Então brinquei com ele: - Pode ficar tranquilo, Senhor Carlos, verá que eu não sou mais feio do que pareço! – consegui, com isso, um sorriso tímido de meu novo cliente.

- Conte-me, Senhor Carlos, quais são as principais dificuldades que vêm enfrentando em seu cargo? – perguntei.

- O departamento de RH me enviou para cá dizendo que eu precisava melhorar meu desempenho junto à minha equipe e rever meu estilo de liderança. Mas, particularmente, eu acho isso "intriga da oposição", pois tenho pensado na empresa, na tarefa e cobrado ao máximo meus subordinados. Não sei onde estou falhando, pois até meus subordinados têm andado insatisfeitos, desmotivados, e a produção tem caído bastante. Tenho dado "um duro danado". – desabafou Carlos.

- Senhor Carlos... – neste instante ele me interrompe e diz:
- Pode me chamar de Carlos, professor. Confesso que simpatizei com você. – sorriu, novamente, Carlos.
- Muito obrigado, Carlos. Acho que já começamos muito bem. Bem, voltando ao assunto, meu papel aqui é oferecer condições para que seus subordinados promovam um autodiagnostico e aprimorem sua capacidade de raciocínio e análise, visando torná-los capazes de estabelecer metas, identificar soluções para os problemas, adquirindo, com isso, confiança e equilíbrio. Sou uma espécie de treinador, que tem como meta melhorar o desempenho de cada membro da equipe, a fim de que sejam verdadeiros campeões. Estou aqui para ajudá-lo a melhorar sua performance, Carlos.
- Não sei como o senhor poderá me ajudar, professor, mas agradeço a oferta. – disse Carlos, num tom de dúvida.
- Então vamos lá, Carlos, começaremos analisando o que é liderança e algumas teorias sobre liderança:
- No livro *O Monge e o Executivo*, de James C. Hunter, vimos o seguinte conceito de liderança:

Habilidade de influenciar pessoas para trabalharem entusiasticamente visando atingir aos objetivos identificados como sendo para o bem comum.

De acordo com esse conceito de liderança, influenciar pessoas é visto como uma habilidade, algo que pode ser aprendido e desenvolvido.

No mesmo livro, encontramos mais dois conceitos fundamentais, para entendermos melhor o conceito de liderança e como influenciar pessoas:

Autoridade: habilidade de levar as pessoas a fazerem de boa vontade o que você quer por causa de sua influência pessoal.

Poder: faculdade de forçar ou coagir alguém a fazer sua vontade, por causa de sua posição ou força, mesmo que a pessoa preferisse ou não.

- Foram desenvolvidas algumas teorias que estudam a liderança, em termos de estilo de comportamento do líder, em relação aos seus subordinados. Entre elas podemos destacar a principal, que explica a liderança por meio de estilos de comportamento, sem se preocupar com características de personalidade. Essa teoria se refere a três estilos de liderança: autoritária, liberal e democrática.

- Qual deve ser seu estilo de liderança, Carlos? Através das informações que você acabara de me passar, acredito que seja autoritária. Estou certo. – questionei Carlos.

- Certo professor. Temos que cobrar e pegar no pé do pessoal, se não a produção cai e vira uma bagunça geral, pois as pessoas só funcionam assim.

Após ouvir o seu estilo de liderança, disse: - Vejamos os três estilos de liderança:

Autoritária: neste estilo de liderança, percebemos no comportamento do líder muita preocupação com a produção e pouca preocupação com as pessoas. Ele é dominador; é "pessoal" nos elogios e nas críticas ao trabalho de cada membro, somente ele fixa as diretrizes, sem qualquer participação do grupo. Além disso, o indivíduo que desenvolve esse estilo de liderança é "pessoal" nos elogios e nas críticas ao trabalho de cada membro, causando medo e insatisfação.

Democrática: neste estilo, há muita preocupação com as pessoas, tanto quanto com a produção. As diretrizes são debatidas pelo grupo, estimulado e assistido pelo líder. O líder é "objetivo" e limita-se aos "fatos" em suas críticas e elogios.

Liberal: neste estilo, há participação mínima do líder e liberdade completa para as decisões grupais ou individuais. Tanto a divisão das tarefas, como a escolha dos companheiros, fica totalmente a cargo do grupo. Há pouca preocupação com as pessoas e com a produção; também conhecido como estilo *laissez-faire*.

– Diante destas definições, professor, meu estilo de liderança é inadequado e ineficaz? Eu acredito que meu estilo seja o autoritário. O que acha? – perguntou Carlos, me colocando à prova.

– Bem, Carlos, essa pergunta você deve fazer a si mesmo, mas fique tranquilo, antes de qualquer atitude de mudança, precisamos nos preparar para isso. O bom é que estejamos abertos para ela e façamos uma autoanálise, para verificar se estamos influenciando positivamente as pessoas a trabalharem entusiasticamente.

– Lembre-se sempre disso! Encerramos aqui nossa primeira sessão Carlos, e, como tarefa para casa, peço que você encare as pessoas de sua equipe, não mais como meros subordinados, mas sim como colaboradores fundamentais para seu sucesso como líder. Reconheça seus avanços e conquiste a confiança de seu grupo. Estenda isso para sua família, pois, muitas vezes, temos a tendência de desenvolver esse estilo de liderança em casa também, e isso traz sérios problemas para nós. – concluí, como se soubesse algo sobre a vida pessoal de Carlos.

– Professor, o senhor acertou em cheio, preciso desabafar, minha mulher e meus filhos têm reclamado muito sobre meu comportamento e até meus netos têm fugido de mim. Não estou conseguindo manter um diálogo eficaz com minha esposa. Não sei como proceder, mas vejo que o senhor pode me ajudar. – desabafou profundamente Carlos.

– Acho que você está numa semana de sorte, estou convidando alguns de meus clientes, com dificuldades de manter o equilíbrio profissional-pessoal, para participarem de um retiro no próximo feriado prolongado. Você gostaria de participar?

- Claro que sim, professor. Estou precisando sair de cena por alguns dias e de conselhos. – sorriu Carlos.

- Muito bem, Carlos, aqui está o endereço, horário e telefone. Após entregar o papel com as informações, nos abraçamos e nos despedimos.

ERAM TRÊS HORAS DA TARDE quando Laura, Assistente Administrativo de um hospital, 28 anos, divorciada, mãe de um filho, chega ao escritório. Ela estava enfrentando conflitos relacionais e dificuldades pessoais, como *stress*, desmotivação e perda de energia.

Cabisbaixa ela entra em minha sala de atendimento e me diz, meio tímida: - Com licença; boa tarde, professor Marcos, sou a Laura, do hospital Unificado Paulista.

- É um prazer conhecê-la Laura, já estava a sua espera. Como tem passado?

- Bom, professor, eu não tenho estado muito bem. Tenho andado muito estressada, sem motivação para trabalhar e os erros no meu setor têm sido inúmeros, consequência de falta de atenção. Sempre fui uma pessoa dinâmica, dedicada e perfeccionista em tudo que faço, mas parece que os problemas pessoais que estou enfrentando estão refletindo em minha vida profissional.

Mais uma vez aqueles pensamentos voltam a minha cabeça e começo a refletir: mais uma pessoa, enfrentando problemas pessoais, me procura para receber a cura. O médico não pode curar a si mesmo mas deve curar os outros. Ainda bem que eu consigo separar meus problemas pessoais da vida profissional.

- Laura, meu papel aqui é contribuir para seu sucesso profissional e pessoal. Para tanto, gostaria que você ficasse à vontade e me contasse em detalhes o que está acontecendo com você? – questionei Laura.

- Minha vida virou do avesso, professor. Estou determinada a solicitar o divórcio, mas veja só, professor, tenho apenas cinco meses de casada. O grande motivo desta separação é que meu marido teve uma relação extraconjugal. Ele cometeu adultério! E para completar, ele, dizendo-se "arrependido", sentiu necessidade de me confessar tudo e me pedir perdão.

- Você aceitou? – perguntei automaticamente.

- Claro que não, professor! Este é o único pecado que me dá justificativa para o divórcio. – respondeu ela demonstrando religiosidade.

- Ainda mais quando ele acha que o ocorrido foi consequência de que alguma coisa estava errada em nosso casamento, e não simplesmente um ato de fraqueza humana.

- Quantos sonhos jogados fora, tempo perdido. Confesso que ainda estou muito triste. Não estou conseguindo me concentrar em meu trabalho, ainda mais que tenho um novo chefe muito exigente. Sinto-me muito cansada e desmotivada, às vezes tenho vontade de largar tudo e ir embora. Acho que estou precisando redefinir minha vida! – Laura fez um desabafo.

- *Ok* Laura. Pelo que eu pude observar, seus problemas pessoais, de ordem emocional, estão afetando diretamente sua performance profissional e isso tem te deixado estressada.

- Tenho informações de que você sempre foi uma excelente profissional, comprometida, dedicada e dinâmica em sua organização. É tanto, que você já tem três anos de empresa e um excelente currículo. Ainda bem que seus líderes viram esse momento como oportuno para repensar sua carreira profissional.

- Você já ouviu falar em QI? – questionei Laura.

- Já ouvi sim, professor. É o quociente de inteligência. O meio de medir o nível de inteligência das pessoas, que serve pra descobrir os "superdotados". – respondeu Laura.

- Muito bem. Agora me responda outra pergunta: Quem está no comando das grandes empresas como a Microsoft, SBT e até a presidência da República do Brasil? São todos superdotados? Pessoas com alto QI?

- É verdade, professor, esses homens não são superdotados. Então onde está o segredo do sucesso? – perguntou Laura.

- Bem, Laura, o segredo está em outro quociente, o QIE: quociente de inteligência emocional. – respondi.

- E o que é isso, um meio de medir as emoções das pessoas? – perguntou Laura.

- Segundo Daniel Goleman, o sucesso profissional de um indivíduo depende mais da inteligência emocional do que da formação acadêmica, pois pessoas com inteligência emocional são autodisciplinadas, confiam em si mesmas, são motivadas, são sensíveis às emoções dos outros e têm habilidade para influenciar pessoas. – concluí.

- Tenho um convite especial que vai te ajudar muito. Teremos um retiro em meu sítio, no interior de São Paulo, com alguns de meus clientes, onde daremos continuidade a este trabalho voltado para a melhoria no desenvolvimento de melhores relacionamentos, que contribuam para nossa performance pessoal e profissional, e eu gostaria que você participasse. Será no próximo feriado. Que acha?

- Claro que eu vou, professor. Quero voltar a ser uma excelente profissional, e será bom para esquecer meu ex-marido. – terminou ela, meio triste.

- Então combinado. Por favor, pegue o endereço, telefone e horário com nossa secretária. Mais uma coisa, Laura, como tarefa de casa gostaria que você plantasse em cinco latinhas, cinco pés de feijões e levasse para nosso retiro. Você sabe plantar feijão, não é?

- Claro que sim, professor, morei em um sítio, quase toda minha infância. Pode deixar, você terá ótimas plantinhas. – finalizou Laura, sorridente.

Despedimo-nos como pai e filha: um abraço protetor de pai e um sorriso de filha.

Capítulo II

Preparando para a mudança

Sobreviver à mudança é um objetivo nobre, mas e se o fato de adotar a mudança não só nos ajudar a sobreviver mas nos der realmente melhores resultados? – Seth Godin

CHEGUEI AO SÍTIO ÀS QUATRO DA MANHÃ, o sol ainda não tinha aparecido, e a penumbra da noite, junto com o vento frio, dava calafrios. Parei meu carro à frente do grande portão, e, por um segundo, tive a sensação de que ali seria a entrada para o processo de mudança de minha vida. Parecia que algo de muito especial aconteceria nestes três dias de retiro. Nunca tinha sentindo isso, e confesso: estava com medo. Daí, fiquei resistente em sair de minha caminhonete, parecia que ela era minha companheira, minha segurança. Tanto é que eu poderia me isolar durante estes dias sozinho, mas percebi que precisava de ajuda, de colo, de uma palavra que me ajudasse a refletir a respeito de minha mudança. Além disso, precisava me relacionar com outras pessoas que, como eu, precisavam reavaliar seus paradigmas, mudar, a fim de melhorar suas vidas, mesmo que eu fosse o agente de cura para elas.

Depois de alguns minutos, decidi descer da caminhonete, pois não queria acordar o caseiro e sua esposa buzinando. Ao abrir a porta do veículo, de repente, vejo um vulto se aproximar; era o bom caseiro, sempre gentil e dedicado, que disse:

- Bom dia, Seu Marcos. Chegou bem cedinho, né? Dona Rafaela e as crianças não vieram?

Por um momento procurei em meu cérebro uma resposta convincente, daí respondi: - Bom dia, Pedro. A Rafaela e as crianças não vieram porque atenderei alguns clientes durante o feriado. Não estou a passeio, amigo Pedro, tenho que trabalhar até no feriado. – consegui me safar da pergunta e concluí com um sorriso meio falso.

- Está tudo preparado para a reunião, conforme o combinado? – perguntei.

- Sim, professor. Preparei as camas, a sala de reuniões e até a lareira, pois nestes dias está fazendo um frio de doer os ossos. – sorriu Pedro.

- Mas, seu Marcos, tem certeza de que não precisará de mim e de Meire? Como vão fazer comida? – questionou Pedro.

- Fica tranquilo, Pedro. Vamos nos virar por aqui, além do que, você precisa visitar seus parentes, não é?

- É verdade, professor. Tenho que visitar minha velha mãe, que está meio adoentada, o senhor é um bom patrão! - desabafou Pedro, com um sorriso tímido.

- Obrigado, Pedro, mas é você que é um colaborador gentil e dedicado. Agora pode ir e não se preocupe. – elogiei o fiel Pedro e me despedi dele.

Após alguns minutos, vejo o velho fusca 71 sair pelo grande portão do sítio. Era Pedro e sua esposa.

Então começo a refletir o que faz aquele homem ser feliz apesar do velho carro e poucos reais no bolso? Qual é o valor da felicidade? Pois tenho uma bela caminhonete, uma bela casa, um ótimo sítio, uma razoável reserva financeira e uma carreira de sucesso, mas me sinto insatisfeito. O que preciso mudar para ser feliz ao lado de minha família? A resposta para esta questão sei que aqui vou encontrar, e, como diz minha cliente Polianna: *"farei o que for necessário para mudar"*.

Passei cerca de cinquenta minutos preso a estes pensamentos, quando, de repente, ouço o som de alguns veículos parecendo vir em direção do grande portão do sítio. Era meu pai, e, logo atrás outro veículo que, provavelmente, era de um dos meus clientes convidados.

O grande portão já estava aberto, sinalizando a espera de cada um dos convidados. Meu pai entra no sítio e estaciona seu carro, logo atrás o outro veículo, dirigido por uma mulher, tendo um homem como carona. Era Polianna e seu marido, sempre pontual e entusiasmada para a mudança.

Quando meu velho pai desce do veículo, percebo a presença de uma senhora, aparentando uns sessenta e cinco anos, que descia em seguida do veículo com ele. Fiquei curioso para saber quem era aquela senhora. Minutos depois, Polianna desce sorridente do seu veículo, após se despedir de seu marido, e caminha em minha direção.

Ao estar frente a frente com meu pai abracei-o e senti meus olhos encherem de lágrimas, porém tive que contê-las, para não demonstrar que alguma coisa não estava legal, pois "o médico estava ali para curar", então disse:

- Sejam todos bem-vindos, é uma alegria para mim receber a todos vocês! Papai como está? Quem é nossa convidada? – perguntei.

- Obrigado meu filho. Esta é Sônia, a minha convidada para participar de nosso retiro. – respondeu meu pai.

- Muito prazer em conhecê-lo, professor Marcos. Estava precisando muito me desligar de meus problemas e tristezas, por isso não pensei duas vezes em aceitar o convite para participar desse retiro. – respondeu Sônia, como um desabafo e com um brilho nos olhos.

- E você, Polianna, veio mesmo, hein? Você é bem decidida, isso demonstra que deseja muito uma mudança em sua vida. - elogiei Polianna.

- Sim professor, não podia perder esta oportunidade. Acho que me preparei a semana toda para este momento. Quando entrei por aquele grande portão, percebi que era o começo de minha mudança para a melhoria e, quando, daqui a três dias, sair por ele, estarei preparada para colocar em prática tudo aquilo que aprendi. – respondeu Polianna, entusiasmada.

Enquanto conversávamos, mais três veículos se aproximaram do grande portão. Eram os outros clientes que acabavam de chegar, como se tivessem combinado o mesmo horário.

No primeiro veículo estava Carlos, o gerente da metalúrgica, com sua esposa. Eles param o veículo, conversam internamente e se despedem com um abraço caloroso, como se aquele momento fosse decisivo para o relacionamento deles. Então Carlos desce do veículo, um pouco resistente, se despede de sua esposa com acenos e fica olhando até ela transpassar o grande portão, parecendo que este era o muro de separação entre a antiga vida e a nova que virá. Após a saída do veículo ele se direciona para a entrada da casa, onde estávamos, e, ao chegar até nós, diz:

- Bom dia pessoal, bom dia professor, acho que cheguei no horário! Exclamou Carlos, preocupado com a pontualidade.

- Bom dia, Carlos, seja bem, vindo junte-se a nós para receber aos outros participantes. – respondi.

Os demais participantes – Gabriel e Laura – despedem-se dos familiares que os trouxeram ao sítio, se cumprimentam, pois chegaram simultaneamente e se direcionam até a casa. Gabriel, parecendo um pouco tímido e Laura, com cinco vasos, com pequenos pés de feijões, parecia motivada. Ambos, ao chegarem na casa nos saúdam:

- Bom dia pessoal! Bom dia, professor! Acho que somos os últimos a chegar, não é? Ah! Eu já estava me esquecendo, professor, aqui estão os cinco pés de feijões que o senhor me pediu para plantar. - disse Laura, como se estivesse representando Gabriel, o qual estava à sua direita.

- Bom dia, sejam bem-vindos ao nosso sítio. Vocês são os últimos a chegar, mas como Jesus nos ensinou: "Os últimos serão os primeiros". – concluí sorrindo e recebendo os belos pés de feijões.

Neste momento apresento meu pai como alguém que nos ajudaria muito durante o retiro. As demais apresentações deixei para a tarde.

Passei cerca de uns quarenta minutos apresentando cada detalhe do sítio, assim como os aposentos onde eles iriam se hospedar. Separei-os em grupos de três homens num quarto e três mulheres no outro, sem os apresentar formalmente, pois tinha em mente testar como se relacionariam com pessoas estranhas, em um lugar diferente. Mas antes de liberá-los para seus aposentos, para se trocarem e se acomodarem, levei-os para a sala de reuniões e dei as primeiras instruções:

- Bem, pessoal, que bom que todos vocês vieram. Teremos muito trabalho por aqui, e, por isso, preciso dar-lhes as primeiras instruções:

- É proibida a conversação entre os participantes, até o horário da palestra. O almoço será pontualmente ao meio dia. Às quinze horas teremos o chá da tarde, onde teremos um bate-papo descontraído, para que vocês comecem a se relacionar. Aqueles que não tomaram café ao sair de casa podem se direcionar à cantina, sem conversar um com o outro, e se servir.

- O almoço de hoje deverá ser preparado por cada um de vocês, sem trabalho em equipe, a partir das onze da manhã e deverá estar pronto até às doze e trinta, sendo que cada participante é responsável pela preparação de sua refeição. Ninguém deverá servir ao outro, é "cada um por si". Observação: durante a preparação do almoço, não devem conversar em hipótese alguma.

Estejam centrados nas atividades. Todos os ingredientes e recursos necessários para a preparação do almoço estão na cozinha.

- O período em que vão ficar ociosos, deverá ser aproveitado em seus quartos para refletirem sobre suas vidas e a necessidade de mudança. Pensem na influência do passado em seu comportamento e decisões de hoje e porque estão aqui.

- Aqui estão cinco pés de feijões, pequenas plantinhas que vocês devem cuidar até o encerramento do retiro. Aproveitem-nas para refletir e fazer anotações sobre sua mudança e crescimento durante estes três dias. Elas serão a sua avaliação, no final deste trabalho.

- Após o almoço vocês voltarão ao quarto, sem conversas ou apresentações, e pensarão num mundo sem relacionamentos, onde cada um, individualmente, só pensa em satisfazer apenas suas próprias necessidades. Tirem uma soneca de uma e meia até as duas da tarde, mas coloquem o relógio para despertar, pois teremos uma palestra às duas e meia.

- Então, vamos lá? Podem se dirigir para seus aposentos e sigam as regras. – concluí as instruções.

Cada participante, com sua plantinha na mão e sua bagagem, se direcionou para o quarto, sem dar uma palavra. Alguns parecendo assustados e outros irados.

ERAM SETE DA MANHÃ quando cada participante foi para seu aposento, eu e meu pai fomos até a cantina tomar um bom café. Ninguém mais, além de nós, resolveu ir até lá, parecia que todos já haviam tomado café, ou perderam o apetite com as regras. Momento oportuno para conversar com meu bom e velho pai. Sentamo-nos nas primeiras cadeiras de madeira com um copo de café na mão e uma cesta de pães, queijo e manteiga. Ao preparar o delicioso pão, meu pai me serviu e preparou outro para ele. Não questionei, pois ele sempre fora um homem servidor. Então começamos o diálogo:

- Ainda bem que as regras não são válidas para os organizadores. sorriu papai.

- Deveria ser, pai, mas como seremos os mentores deste trabalho, precisamos conversar. Que bom! – sorri.

- Bem, meu filho, que achou da Sônia? – perguntou meu pai.

- Gostei dela, parece que eu a conheço de algum lugar. Isso é o que se chama de empatia. "Fui com a cara dela" no primeiro contato. Agora, papai, me conta como a conheceu e por quê a trouxe aqui?

- Bem, a história dela conto-lhe depois, mas levei-a para um dos cultos em nossa igreja. Estava muito deprimida e triste, alegou que estava sofrendo muito com seu passado e precisava de ajuda para se libertar daqueles fantasmas, que tanto lhe perturbavam. Estava se sentindo muito culpada, mas acredito que depois de aconselharmos e orarmos por ela, está melhor. Achei uma boa ideia trazê-la a este retiro para ajudá-la a melhorar. – respondeu resumidamente meu pai.

- Ótimo, papai, que bom que a trouxe. O senhor sempre gostou de ajudar as pessoas. Pai servidor! – concluí sorrindo.

- Agora, Marcos, me fale um pouquinho de você. O que está acontecendo? Por que resolveu criar este retiro? Pois não precisa me enrolar, você está se sentindo só e precisava deste momento para refletir sua vida, viu neste trabalho a oportunidade de "unir o útil ao agradável": ajudar os clientes e ao mesmo tempo a si mesmo, não é?

- O que posso falar, papai? O senhor sempre acerta. Rafaela me deu um tempo para que eu refletisse "o que era importante para mim": a família ou o trabalho. Pois ela tem reclamado a falta de atenção e amor em nossa relação. Estou sim, muito triste, mas ao mesmo tempo refletindo onde preciso mudar, e sei que estes dias aqui serão cruciais para mim. Eu vou mudar pra melhor! Pois de nada vale a realização profissional e o dinheiro sem a felicidade familiar. – desabafei.

- Muito bem, meu filho, é isso mesmo, e eu tenho a certeza de que eu não estou aqui em vão. – disse papai.

- Mudando de assunto, você deixou muita gente insatisfeita com aquelas regras, não foi? – perguntou meu pai.

- É estratégia, pois quero ver como eles se comportam com a mudança de regras e sem relacionamento. A ideia é sair da zona de conforto e enfrentar um ambiente diferente.

- Entendi. Daí, à tarde falaremos sobre mudança, paradigmas e sobrevivência. – concluiu papai.

- Isso mesmo, depois da palestra das três da tarde eles estarão liberados para se relacionarem e trabalharem em equipe. – completei.

- Então vamos nos juntar a eles e ver como estão se comportando. – disse meu pai.

Saímos da cantina e fomos para o quarto dos homens, chegando lá percebemos um clima de reflexão e um profundo silêncio, cada participante estava em sua cama, um olhando para o teto e pensando, e outros escrevendo nos diários que deixamos sobre a cama com o nome de cada um, para que escrevessem durante estes momentos. Deixei meu pai lá, no quarto dos homens, e me direcionei à sala da lareira.

SENTEI-ME PRÓXIMO À LAREIRA, o calor do fogo acolhedor e o silêncio favorecia a reflexão sobre minha vida e a necessidade de mudança. Era como se aqueles momentos fossem certa preparação para minha mudança, pois, para mim, a mudança só se inicia quando tomamos consciência da necessidade de mudar. Quantas oportunidades para melhorar meu relacionamento com minha esposa e filhos tive, mas as cobranças e insatisfações de Rafaela pareciam desenvolver em mim uma resistência. Nunca gostei de ser cobrado, acredito que isto são padrões, ou paradigmas, que tenho carregado ao longo da vida e que influenciam meus comportamentos e decisões. Acredito que a mudança imposta não gera resultados permanentes; antes de mudar precisamos nos conscientizar de que precisamos disso. Só assim podemos rever nossos padrões mentais e nos conscientizar sobre a necessidade de mudança, para tanto, a ajuda de outras pessoas é fundamental, pois eles, que são nossos clientes, enxergam mais do que nós. Rafaela, em certo sentido ajudou a me conscientizar a respeito da mudança. Até então não tinha percebido isso, pois achei que suprindo suas necessidades básicas e de segurança estaria satisfeita. Hoje vejo o pesar deste comportamento. Mas confesso que a mudança é muito difícil, pois a mudança pode nos trazer também resultados ruins. Imagine você, tendo que mudar de emprego, até então sua vida estava estabilizada e ganhava razoavelmente bem, mas uma proposta melhor veio até você, numa empresa de seus sonhos. O que você faz? Creio que querendo ou não o medo da mudança será normal, e isso pode impedi-lo. A mudança é uma oportunidade para melhorarmos.

Uma coisa é certa: sinto-me consciente de que preciso mudar. Resta saber como e quando, mas acho que a resposta para isso será desenvolvida durante estes três dias.

Outra coisa muito importante, que a cada dia passo a descobrir, é a importância dos relacionamentos em nossa vida. Sempre levei uma vida centrada no trabalho de modo a garantir as necessidades financeiras de minha família. Acredito que meu abandono, por minha mãe, contribuiu para me isolar das pessoas. Não tenho amigos, meus relacionamentos são estritamente profissionais. Hoje me vejo em um sítio, com cinco pessoas que precisam de uma mudança e a proteção de meu pai. Sinto necessidade de me relacionar, ajudar e ser ajudado, e isso está me fazendo bem.

Fiquei ali algumas horas pensando em tudo isso e relembrando os momentos felizes que convivi com minha família. Confesso que chorei em silêncio, pois senti muita saudade da bela Rafaela e de meus filhos amados. Estava disposto a mudar, mudar para melhor.

ENQUANTO ESTAVA REFLETINDO, os participantes, juntamente com meu pai, estavam preparando o almoço, pois já eram onze horas. As horas passaram tão rápido que eu só percebi quando o antigo relógio de parede despertou, anunciando que já era a hora de ir até a cozinha.

Ao entrar na cozinha, vi que cada um preparava sua própria comida, serviam a si próprios, sem partilhar com os demais. Cada um pensava em apenas "satisfazer as suas reais necessidades", conforme eu havia planejado. Percebi a preparação dos mais diversos tipos de comida, desde feijão, arroz e ovos – para os mais preguiçosos – até lasanha com queijo, para os mais famintos, mas tudo feito individualmente.

A organização do local era de responsabilidade de cada um, mas, após o almoço o resultado: panelas e pratos sujos, mesa desarrumada, comida pelo chão, enfim um verdadeiro caos. Alguns até mantiveram suas coisas em ordem, as mulheres é claro, mas outros foram verdadeiros bagunceiros – os homens. De barriga cheia, os participantes do retiro, em silêncio, foram para os quartos, conforme as regras impostas. Espero que reflitam sobre um mundo onde cada um só pense em satisfazer suas necessidades, um mundo egoísta - pois foi o que representaram na cozinha - e percebam como os relacionamentos são fundamentais para a felicidade dos indivíduos.

Quando todos saíram da cantina e da cozinha, já era uma hora da tarde, então resolvi esquentar no micro-ondas meu sanduíche, que trouxera de casa, pois não estava a fim de preparar comida. Daí lembrei do cuidado de Rafaela em sempre preparar um almoço especial quando vínhamos para o sítio. Sinto falta disso.

Após comer meu razoável hambúrguer com bacon, resolvi dar uma passada no quarto das mulheres a fim de ver como estavam. Chegando lá percebi um deprimente silêncio no quarto, e cada uma das participantes sentada em sua cama a pensar. Pedi autorização para entrar e olhando mais detalhadamente vi, nos olhos de todas elas, lágrimas que desejavam rolar pelos seus rostos. Era algo surpreendente, todas elas envolvidas em seus pensamentos e sentimentos profundos. Como dizem: "mulher é emotiva e homem parece ser racional".

Ao ir ao quarto dos homens percebi também um profundo silêncio, mas o clima não era depressivo, mas sim de reflexão. Parecia que eles estavam mergulhados em seus pensamentos e, como eu, buscando a razão da mudança. Meu pai sempre tranquilo agia como um espião camuflado sempre atento e observador, mas angustiado por não poder falar, parecia que interiormente ele pedia: deixe-me ajudá-los.

Voltei para minha lareira, pois ainda tinha mais uns vinte minutos antes da palestra da tarde. Chegando lá me senti mais aliviado, pois parecia que não era só eu que desejava uma mudança. Isso me fez bem. Aqueles momentos de silêncio e reflexão estavam nos fazendo muito bem, pois acho que muitos de nós não reservamos tempo para refletir o modo como temos conduzido nossas vidas, e isso é fundamental. É o nosso recomeço; isso é difícil, ainda mais quando envolve mudança.

Mais uma vez, flutuei em meus pensamentos, e os vinte minutos voaram rapidamente. Era hora da palestra da tarde. Então me direcionei para a sala de palestras e reuniões, especialmente preparada para aquele momento. Cheguei antes de todos os alunos, pois meu relógio estava cinco minutos adiantados.

Os alunos começam a chegar, em silêncio, olhavam para mim como se estivessem pedindo: "deixe-nos falar!".

Comecei a reunião dizendo: - Começarei esta reunião dispensando as apresentações e os objetivos de cada um aqui neste retiro, mas como tarefa peço que se apresentem um ao outro e na próxima reunião, cada colega de quarto apresente o outro para nós.

Agora vocês podem falar à vontade, perguntar, questionar. Vamos lá, começo fazendo a seguinte pergunta: o que vocês acham sobre a mudança? Poderia iniciar respondendo para nós, Sônia?

- Claro, professor Marcos. Respondo contando um pouco sobre mim. Eu vim de uma cidade muito longe daqui, Vila Velha, no Estado do Espírito Santo. Vim tentar a sorte em São Paulo, aos doze anos, com minha amiga, Fabiane. Chegando aqui, enfrentamos dificuldades financeiras, pois nosso dinheiro havia acabado com gastos de alimentação e hospedagem. Cheguei a passar até fome. Minha amiga logo se envolveu com um traficante e acabou se afundando nas drogas. Não sabia o que fazer, pois não tinha mais dinheiro e o dono da pensão onde ficava, estava a ponto de me despejar. Dinheiro para voltar para minha cidade não tinha. Aquilo que parecia um sonho de prosperidade e melhoria estava se transformando em pesadelo. Não conseguia emprego, então comecei a vender balas na sinaleira para pagar a hospedagem e comer alguma coisa.

- O que ganhava era muito pouco, mas, certo dia, um homem que se hospedava na pensão, ao ver minha dificuldade, se apresenta para me ajudar e me oferece um emprego de garçonete num bar. Ele me garantiu moradia no local. Com o dinheiro do emprego pagaria a hospedagem e sobraria para alimentação. Como eu era muito ingênua aceitei. Na verdade não era um simples bar, era uma boate onde eu deveria trabalhar, não somente de garçonete. Fui obrigada a sair com um homem forte, após dez dias de trabalho. Ou eu saía ou era despedida, e ainda teria que pagar as despesas de hospedagem, sob fortes ameaças. Não tive escolha, ao entrar no quarto de motel aquele homem forte me agarrou, sem que eu pudesse pedir que nada fizesse comigo, ele me violentou e me deixou toda machucada. Fugi daquele lugar e daquela cidade. Sozinha, à noite, percorri mais de trinta quilômetros. Ainda bem que tinha me alimentado. Cheguei à cidade de São Caetano, lá me atirei no banco de uma praça e desmaiei de dor e cansaço. Não lembro de mais nada, só de estar numa casa simples, com uma bíblia sobre a cabeceira da cama. Estava na casa de um casal evangélico que, sentindo compaixão de mim, tratou de minhas feridas, trocou minha roupa e me acolheu. Era tudo que eu precisava naquele momento. Mas o pior ainda estava por vir. Depois de alguns meses, percebi que estava grávida, não sabia o que pensar, para não contar nada para aqueles irmãos mantive a gravidez em segredo durante os sete meses, depois não deu mais, quando completou o dia de "parir", eles me levaram ao hospital.

- A mudança pode trazer resultados desagradáveis, em certos casos como o meu. Tinha a expectativa de vencer na vida, para ajudar minha família, ter um marido que cuidasse de mim... – suspirou Sônia – mas deu tudo errado. Porém, hoje, estou aqui, pois preciso mudar, preciso apagar cenas tristes da minha vida, que estão me machucando por dentro e atrapalhando nas relações com as pessoas. Confesso que tenho medo de mudança, mas preciso mudar. – desabafou Sônia, com lágrimas nos olhos.

Grande exemplo, Sônia. Obrigado por sua participação – disse à Sônia. - Muitas pessoas têm medo de mudar, e isso é algo normal, pois a mudança pode nos trazer resultados ruins. Mas em cenários de competição acirrada, não mudar tem maior probabilidade de trazer resultados ruins do que mudar.

- Precisamos mudar para sobrevivermos, pois o mundo dos negócios vive em constante mudança, e se não mudarmos ficaremos para trás, como estava acontecendo comigo, ou então seremos absorvidos pela concorrência. – respondeu Gabriel.

- Obrigado por sua colocação Gabriel, mas mesmo sabendo que a mudança é fundamental para sobrevivermos em um cenário hipercompetitivo, precisamos entender que sobreviver não é o objetivo da mudança, como conta Seth Godin em seu livro *Sobreviver não é o bastante*, veja como ele ilustra a necessidade de mudança em cenários de concorrência:

Dois mochileiros estão terminando uma longa viagem pelas montanhas Rochosas canadenses. Ao fazerem uma curva, eles se deparam com uma pequena família de ursos cinzentos, incluindo dois filhotes... Viram- se imediatamente e disparam a correr, com uma ursa raivosa em sua perseguição... Depois de algumas centenas de metros, um dos mochileiros se vira para o outro. 'Pare', ele diz sem fôlego. O outro para pôr um segundo, vendo incrédulo o primeiro colocar a mochila no chão e começar a descalçar suas botas de alpinismo. O amigo que o vê colocando seu tênis de corrida grita: 'Está maluco? Você nunca vai conseguir correr mais rápido que aquela ursa, mesmo com tênis!' Terminando de amarrar o cadarço, o primeiro mochileiro se levanta e começa a correr. 'Não preciso correr mais rápido do que a ursa. Só tenho que correr mais rápido do que você'.

Precisamos tirar vantagem da mudança, visto que ela pode representar oportunidades para alavancarmos nossas carreiras e até mesmo nossa vida pessoal. Quem aqui não precisa mudar? – questionei os participantes, me incluindo.

- Então, professor, está nos dizendo que nós devemos encarar a mudança como uma oportunidade de melhorar nossa vida profissional e pessoal? E não somente mudar para garantir nossos empregos e relacionamentos? – perguntou Polianna.

- Isso mesmo, Polianna. Agora imagine se tudo que fazemos em nosso trabalho e em nossas empresas é para sobreviver. Trabalhamos horas e horas, economizamos cada centavo, chegamos cedo ao local de trabalho; se tudo isso tem como objetivo sobreviver, nosso dia a dia é estressante e enfadonho. – disse à Polianna.

Paulo, meu pai, completou: - Parece que as empresas e as pessoas estão transferindo a teoria de Charles Darwin para o mundo dos negócios apenas como princípio de sobrevivência: mudar para sobreviver! Onde o correto seria encarar a mudança como uma oportunidade de crescimento e desenvolvimento, que acabam garantindo nossa sobrevivência.

Agradeci a brilhante colocação de Paulo, meu pai, me direcionei ao quadro e escrevi em duas colunas:

Antigo Perfil	Novo Perfil
Pouca Informação	Mais Informado
Fácil de ser enrolado	Mais crítico e exigente
Desconhece seus direitos	Conhecedor de seus direitos
Pouca concorrência	Mais disputado pelas empresas
Tratado como número	Sente-se um rei
Satisfação	Maior valor agregado

Enquanto estava escrevendo, Sônia sussurra com meu pai e sai da sala por alguns minutos. Fingi que não vi nada e continuei a escrever. Então disse: - Vejamos o que aconteceu com o comportamento do consumidor: o novo perfil do consumidor forçou algumas empresas a mudarem seu foco, tanto é que hoje temos dois tipos de organizações: as voltadas ao cliente e as voltadas ao produto. As primeiras são aquelas que além de sobreviver estão expandindo seus negócios através da retenção e fidelização de clientes. Estas focalizam as reais necessidades dos clientes e buscam oferecer soluções para seus problemas. Por outro lado, as do segundo tipo focalizam nas características do produto, sem se preocupar em saber o que o cliente realmente precisa.

- De fornecedoras de produtos, as empresas passaram a ser vistas como servidoras e clientes.

- As empresas sobreviverão e serão mais competitivas se desenvolverem relacionamentos, com base na confiança dos seus clientes. E aqueles que não fizerem isso não terão futuro num mundo competitivo, voltado para o cliente.

- Empresas dinâmicas encaram a mudança como uma oportunidade para aumentar a competitividade, para elas a mudança não é uma ameaça e sim a estabilidade. Ela exige mudanças para se obter sucesso. Tom Peters, em *Prosperando no Caos*, traduz bem essa ideia:

Empresas excelentes não acreditam na excelência: apenas em constante melhoria é constante mudança.

Paulo, meu pai, aproveitou a oportunidade para falar sobre as barreiras à mudança: - Jesus Cristo nos ensinou que as crenças e valores, acumulados ao longo de nossa vida, funcionam como princípios organizadores que agem, muitas vezes, sem percebermos, direcionando nossos comportamentos e decisões. Ele sabia que para haver mudança e crescimento de um indivíduo era necessário romper as velhas concepções e formas de pensar, pois estas funcionavam como verdadeiras prisões. Era fundamental que as pessoas percebessem esse aprisionamento para haver mudança e crescimento.

Já ouvi falar nisso – admirou-se Laura - Os princípios organizadores podem ser bons ou ruins. Eles nos ajudam nas nossas decisões e comportamentos, através daquilo que aprendemos ao longo da vida, mas ao se fixar neles e recusar-se a mudar podemos impedir nosso crescimento. Certo, senhor Paulo?

- Muito bem, Laura, Jesus ao se relacionar com os judeus não queria que eles jogassem suas antigas leis e tradições fora, mas que eles percebessem que o amor a Deus e ao próximo era mais importante. Ele queria que os judeus se dispusessem a mudar, acrescentando princípios organizadores que os ajudariam a desenvolver melhores relacionamentos com Deus e com os outros.

- As pessoas que se agarram a antigos princípios organizadores, e têm um "coração fechado" para a mudança, estão, na realidade, se escondendo atrás de um muro de defesa. Elas afirmam: "não precisamos mudar", "sabemos tudo", mas, na verdade, estão escondendo internamente sua insegurança, pois estão presas a princípios organizadores inconscientes.

- Um grande exemplo disso está na mentalidade de alguns líderes de organizações, que eram voltadas para o produto. É necessária uma mudança de cultura, pois essa empresa cresceu e se desenvolveu sobre um antigo paradigma, onde os clientes são vistos apenas como números, resultados financeiros. Os funcionários desta organização servem aos diretores e chefes e não ao cliente.

- Quando vivemos presos a esses princípios organizadores inconscientes, estamos vivendo no passado, e nem sempre um comportamento que foi sucesso no passado continua sendo hoje, como vimos anteriormente. Precisamos aprender com o passado e não viver presos a ele. Mark W. Baker resume esta questão assim:

Jesus ensinava o que os psicólogos acreditam hoje: que é melhor escolher conscientemente o que acreditamos no presente do que seguir inconscientemente os padrões do passado.

Neste instante começo a refletir sobre quais os padrões do passado que estavam afetando meu comportamento. Acho que como filho adotivo, abandonado pela mãe biológica por não ter condições para me criar, sempre desejei vencer na vida financeiramente, ser estimado pelas pessoas como alguém bem sucedido, atraindo assim fama e prestígio. Eu queria ser amado e admirado pelas pessoas. Era como se tudo isso mantivesse as pessoas próximas a mim, por isso vivi baseado unicamente no desenvolvimento de minha imagem profissional. Mas hoje percebo a importância dos verdadeiros relacionamentos em nossa vida, e que estes não são desenvolvidos com base no dinheiro, fama ou prestígio, mas sim com base na confiança, e isso se consegue quando nos importamos sinceramente com as reais necessidades das pessoas com as quais nos relacionamos. Esse é meu paradigma, esse foi o meu problema, mas ainda bem que comecei a compreender isso, acho que já estou preparado para a mudança. – concluí meus pensamentos.

De repente, Carlos faz uma pergunta: - E o que fazer para mudar nossos padrões de comportamentos e pensamentos que acumulamos anos e anos?

- Boa pergunta, Carlos. O primeiro passo é compreendermos e conhecermos a nós mesmos, pois a grande razão para que as pessoas não mudem é que elas não se conhecem e não compreendem a si mesmas o suficiente, daí acabam achando a mudança desnecessária. – respondi.

- Segundo, precisamos compreender que isso não se consegue sozinho. Precisamos pedir aos outros que nos ajudem. Os princípios organizadores inconscientes estão, geralmente, fora de nossa percepção.

- Assim, não podemos transformar imediatamente esses princípios em novos padrões. – disse papai. - Às vezes somos tentados a nos comportar da maneira antiga, a mudança requer sacrifício, decisão e dedicação. E vocês estão preparados pra isso? – indagou papai.

De repente a sala foi tomada por um imenso silêncio, como se cada participante desse uma pausa para refletir quais os paradigmas que estavam influenciando seus comportamentos e decisões. Então me levanto e finalizo: - Estamos preparados para a mudança!

FINALIZADA A REUNIÃO, ÀS QUATRO E MEIA DA TARDE, para nossa surpresa já estava preparado o café da tarde. Perguntei a meu pai como isso foi possível e ele me respondeu: superei expectativas, pois já havia solicitado à Sônia que, no meio da palestra, providenciasse para nós. Então disse: - Que excelente ideia papai, pois teríamos muito trabalho para preparar esse café, você nos poupou para o jantar. E esta reunião me deu uma fome! – sorrimos juntos.

Durante o delicioso café da tarde, percebo o pessoal começar a se relacionar, muitos sorrisos, apertos de mão, abraços e perguntas pessoais.

Após o café liberei os participantes até as dezoito horas, a fim de que pudessem se relacionar melhor e descansar um pouco, pois eles deveriam preparar o jantar de logo mais.

Capítulo III

Os relacionamentos: todos são clientes!

... Mesmo que as novas tecnologias de fabricação, transporte e de comunicação tenham resultado em uma oferta maior de produtos a custos reduzidos, o que nós, como clientes, perdemos, foi o relacionamento pessoal com o dono do armazém ... – Hans Peter.

ÀS DEZOITO HORAS, TODOS SE REUNEM em equipe para preparar o jantar. A equipe dos homens terá como tarefa a limpeza das panelas, pratos e utensílios deixados sujos após o almoço, e a das mulheres a preparação da sopa. Carlos foi sorteado para liderar a equipe masculina e Laura, a feminina. Durante a preparação do almoço fui até a cozinha e me sentei bem ao fundo, sem que a maioria dos participantes notasse, a fim de observar como eles se relacionariam.

Passaram-se alguns minutos, até que percebi uma pequena discussão no lado dos homens, parecia que Gabriel e Carlos estavam se desentendendo. Carlos, num tom mais alto diz para Gabriel:

- Você não sabe cumprir ordens, garoto. Quando um líder diz para correr eu tenho que correr, quando ele diz sentar é para sentar.

Acho melhor que vá pra casa, pois não vai aprender muito desse jeito!

Ao que Gabriel responde, quase chorando:

- Quem é o senhor para decidir minha permanência aqui, ser líder de equipe não é sair por aí humilhando as pessoas e forçá-las a fazer o que queremos. Seu jeito de liderar é antiquado, e, ao contrário do que disse pra mim, digo que está no lugar certo, pois se abrir bem a cabeça vai sair daqui um novo homem, e vejo que precisa muito.

O clima estava muito tenso, mas de repente, antes mesmo que notassem minha presença, Paulo meu pai, entra no meio da discussão e acalma os dois, dizendo:

- Carlos e Gabriel, o que vocês estão falando um para o outro? Não notaram ainda que estamos aqui para mudar comportamentos antigos, que estão atrapalhando nossa relação com clientes, família e colaboradores? Aqui todos nós somos clientes uns dos outros. E nossa missão hoje é cultivar e desenvolver melhores relacionamentos. Agora olhem um para o outro e vejam o que fizeram, sem culpar um ao outro, mas assumindo responsabilidade pelo acontecido. Quantas vezes vocês tem agido assim em suas casas, em suas empresas? O que isso tem trazido para suas relações? Não são mágoas, ira, e decepção? Sentimentos que acabam por desgastar um relacionamento. Não vou pedir que peçam "desculpa", pois para mim desculpa é isentar-se da culpa! Quero que vão para seus quartos e reflitam sobre o que fizeram para vocês e para o grupo. Pode deixar que assumimos a limpeza do restante das louças.

Fiquei surpreso com a atitude e o discurso de papai, e como Gabriel e Paulo pararam para ouvir e obedecer àquele bom homem, de cabelos brancos. Isso que é o uso da autoridade.

Ao mesmo tempo em que assisti meio escondido àquela cena, meus pensamentos sobre Rafaela voltam a minha cabeça. Daí, começo a relembrar quantas vezes eu e ela brigamos e como nos sentimos mal após estes momentos, e a maior parte destas por motivos banais, coisas que poderíamos evitar. E tudo isso foi acumulando sentimentos negativos dentro de nós, como angústia e insatisfações.

Quando meus pensamentos fogem de minha cabeça e percebo um clima de alegria e motivação entre as mulheres ao preparem a sopa, ouço alguém me gritar:

- Professor a sopa já está pronta, podemos antecipar a janta, já que faltam ainda quinze minutos para as sete horas? – disse Laura.

- Sim, Laura, vejo que desenvolveram um excelente trabalho e um ótimo relacionamento; estão de parabéns. Podem mandar chamar os rapazes para a sopa.

TODOS SE REÚNEM NA SALA DE JANTAR para saborear a deliciosa sopa com legumes e frango que as mulheres tinham preparado. Carlos e Gabriel estavam um tanto sem graça pelo que fizeram, mas estavam tentando se "enturmar", pois o clima era de calor humano e brincadeira. Antes de provarem a sopa, papai ora junto a todos e agradece pelo alimento e pelas novas amizades que se formariam ali. Mais uma vez aqueles pensamentos me visitam, então, lembro-me de quantas vezes deixei de almoçar e jantar com minha família por causa de encontros de negócios, reuniões e encontro com colegas de trabalho. Quantas vezes deixamos de orar durante a refeição, por causa de insatisfações e brigas. Mas hoje vejo como tudo isso é importante para nosso relacionamento.

Após a sopa, deliciosa e elogiada por todos, avisei sobre nosso bate-papo que aconteceria às nove da noite na sala de estar, próximo à lareira. Todos saem da sala de jantar demonstrando satisfação, porém Carlos e Gabriel se isolam do grupo.

Aproveitei aquelas horas de folga para telefonar para Rafaela, pois sentia um imenso vazio interior sem ela, então resolvi telefonar para seu celular. Após diversas tentativas frustradas, desisti de ligar para ela, pois o telefone parecia estar desligado.

Mas como a ansiedade era grande mudei de estratégia e resolvi enviar um e-mail através de meu *laptop*. No texto escrevi:

De: Marcos
Para: Rafaela
Assunto: Recomeço

Rafaela, meu amor, parte de mim.
Tentei ligar por diversas vezes para seu celular sem sucesso, não tive coragem de ligar para a casa de sua mãe por vergonha, então resolvi te mandar este e-mail.

Acho que você está me evitando, mas espero que não. Estou sentindo muito sua falta. Estou no sítio, em um retiro com alguns alunos que precisam, assim como eu, reavaliar seus relacionamentos. Para mim tem sido muito proveitoso, creio que a mudança tão desejada já entrou em minha casa, sei quanto falhei com você e as crianças, mas estou disposto a recomeçar de forma diferente, pois eu te amo e farei o que for preciso pela minha família.

Próxima segunda-feira termina o retiro, gostaria que viesse me buscar para irmos para casa e recomeçarmos... Espero que venha.

Enquanto escrevia o e-mail chorei copiosamente, sentindo tanta saudade de minha amada esposa e filhos. Como diz o velho ditado popular: *"Só damos valor quando perdemos!"*.

Passei cerca de duas horas trancado na sala de reuniões refletindo profundamente sobre a possibilidade de perder para sempre Rafaela e o que fazer para restaurar meu relacionamento, apagando os velhos padrões que tanto atrapalharam nossas vidas.

Às nove da noite, me dirijo para a sala de estar. Todos já estavam lá e o clima era de reflexão e paz, ao calor da lareira. Ali,

Laura, numa atitude inesperada, inicia a conversação falando sobre seus principais conflitos. Chorando timidamente, ela disse:

- Cheguei arrasadíssima, minha vida parecia não ter mais sentido, pois fui traída, em apenas cinco meses de casada. Ele cometeu adultério! Achei que era minha cruz a carregar, pois sou mãe de uma criança de 4 anos, de um relacionamento que também não dera certo por causa de infidelidade. Só que, desta vez, meu marido, demonstrando "arrependimento", sentiu necessidade de me confessar o fato e me pedir perdão. Explicou-me que o que ele fez foi consequência da fragilidade de nossa relação. Antes de vir para o encontro estava disposta e resolvida a pedir o divórcio, porém, hoje, já não sei mais se é isso que quero.

- Não estava conseguindo me concentrar em meu trabalho, pois estou sofrendo muito até agora. O meu orgulho não me permitiu sequer parar para reavaliar como estávamos cultivando nossa relação. Antes, tinha vontade de largar tudo e ir pra bem longe, hoje me sinto melhor. Tenho aprendido a importância das pessoas em nossa vida e do cultivo de relacionamentos saudáveis. Aqui tenho, em pouco tempo, ganhado amigos, e se saísse daqui, hoje, mudaria muita coisa em minha vida, pois os relacionamentos são importantes em nossa vida.

Ao ouvir o desabafo de Laura, começo a pensar novamente em meu relacionamento com Rafaela e as crianças. Daí pedi que cada um escrevesse numa folha de papel sobre como estava seu relacionamento com cônjuges, pais, filhos ou netos.

Cada participante escreve, debruçado ao chão da sala, então percebo lágrimas rolarem dos olhos de todos, como se algo os contagiasse e os fizesse chorar. Foi um clima muito emocionante.

Em um dado momento, Carlos levanta-se e se dirige a Gabriel e, sem dar uma palavra sequer, eles se abraçam e choram copiosamente. Foi o ponto máximo daquela noite.

Saímos dali calados, abraçados, com os olhos repletos de lágrimas, mas felizes. Aquelas lágrimas representavam, para nós, a mudança em nossa relação com as pessoas, a melhoria de nossas vidas.

NO DIA SEGUINTE, APÓS O CAFÉ DA MANHÃ, nos reunimos novamente na sala de reuniões, para mais uma palestra. O tema do dia era "Relacionamentos: Porque todos são clientes". Começo a reunião dizendo:
    - Bom dia, pessoal. Acredito que todos nós dormimos muito bem, pois ontem foi um dia totalmente especial para todos nós!
    - Professor, se fosse embora hoje, olharia as pessoas com outros olhos, me relacionaria melhor com todos, ganharia mais clientes e conquistaria o coração de meus colaboradores. – desabafou Polianna.
    - Ontem foi um dia de grande lição e de mudança para mim. Percebo que preciso melhorar minha relação com as pessoas. Estou disposto a isso! – confessou Carlos.
    - Meus valores podem ser até diferentes dos outros, mas eu preciso melhorar minhas relações com as pessoas, pois "entender o outro é o princípio de um bom relacionamento". Foi assim que consegui perdoar e ganhei um grande amigo ontem! – sorriu Gabriel.
    - Eu nem preciso falar, professor! – disse Laura.
    - Sou muito emotiva, ontem foi um dia especial para todos nós. Lembrei de tudo que já passei e como darei valor aos meus relacionamentos hoje! – se emocionou Laura.
    - Ótimo, pessoal. Vocês deram o tom do assunto de hoje: "Relacionamentos: Todos são clientes".
    - Se pararmos um pouco para refletir em que setor de atividade estamos atuando, a maioria de nós responderá: indústria ou comércio. Mas, qualquer que seja o produto ou serviço que fornecemos ao cliente, estamos atuando no setor de relacionamentos.

- E para obtermos sucesso neste "ramo de relacionamentos", devemos antes de tudo entender qual é a real razão da existência de nossas empresas. Lembro-me de meus antigos professores de faculdade, que sempre afirmavam, com veemência, que a razão da existência de uma empresa capitalista é o lucro. Sim, a lucratividade de uma organização capitalista é fundamental para sua sobrevivência, mas devemos entender o lucro como a consequência de necessidades satisfeitas. Ou seja: a razão da existência de uma empresa é atender necessidades humanas específicas.

- Baseados neste fato podemos dizer que: se a razão da existência de uma empresa é atender necessidades humanas, e se nossa empresa deixa de satisfazer as reais necessidades de seus clientes, ou a concorrência o faz de maneira mais vantajosa, qual será a consequência disso?

- Assim como um casamento saudável e feliz é resultado de relacionamentos saudáveis entre os cônjuges, empresas saudáveis devem manter relacionamentos saudáveis entre clientes, colaboradores, fornecedores e comunidade. – disse Polianna, com conhecimento de causa.

- Isso mesmo, Polianna. E por falar em casamento e relacionamento, vocês sabiam que a desarmonia é um grave problema social, dada a sua alta incidência? E que, de um a quatro casais americanos declararam-se infelizes em seus casamentos?

- E qual a justificativa pra essa situação, professor? – perguntou Laura, muito interessada.

Antes que eu respondesse à Polianna, Gabriel também pergunta: - Existe semelhança entre "relacionamento conjugal" e "relacionamento com o cliente"?

- Para responder às duas perguntas, acho que podemos fazer aqui uma analogia entre o "relacionamento conjugal" e o "relacionamento com o cliente". Será que existem grandes semelhanças entre os dois? Vejamos:

- Existem diversos fatores, apontados pelos casais, como justificativa para a separação conjugal. Entre eles os *problemas de comunicação*: as falhas na comunicação foram apontadas como determinantes da separação conjugal. O parceiro tem que deixar que o outro saiba o que ele sente e pensa, o que gosta ou desagrada, porque, caso isso não ocorra, o parceiro será incapaz de entender qualquer mensagem que o outro tente transmitir.

- Com o cliente é diferente? Quantos clientes perdemos por erros de comunicação? Ao falar de canais de comunicação com o cliente lembro-me dos famosos SAC – Serviço de Atendimento ao Cliente de algumas operadoras de telefonia e cartão de crédito. Quantas pessoas insatisfeitas com esses serviços, ao ligarem para resolver seus problemas são obrigadas a passar por vários ramais, e ter que ouvir uma música chata ou aturar os comerciais "via telefone", sem ter, ao final do processo, seu problema resolvido.

- A incompatibilidade de gênios é outro fator apontado como justificativa para a separação.

- Acho que isso tem me prejudicado com as pessoas – respondeu surpreso, Carlos.

- Sim, Carlos, a divergência de valores e interesses contribui muito para os problemas de relacionamento, pois somos diferentes uns dos outros. Daí o segredo do bom relacionamento: entender e conviver com o outro; respeitar as diferenças, não obrigando o outro a ser como nós.

- Se observarmos algumas pessoas, que mudaram de atitude e comportamento, passando a serem seguidores de alguns líderes, podemos perceber que estes, de algum modo, conseguiram influenciá-los através de seu testemunho de vida. Daí podemos dizer: é possível mudar os outros, através de nossa vida e relacionamento; sem palavras!

- Tenho sempre as seguintes frases em minha mente: "Cada cliente é um caso diferente", "A venda deve ser um casamento duradouro". Meus valores podem ser diferentes dos seus, mas vocês são meus clientes, com necessidades específicas, e cabe a mim entendê-los e cultivar um excelente relacionamento com todos vocês.

- Agora me respondam uma coisa: o cliente tem sempre razão?
- Claro que sim, professor, esse é um dos discursos da qualidade. – respondeu Gabriel.
- Agora me responda outra pergunta, Gabriel: suponha que você foi visitar um cliente, que estava muito bravo por ter perdido a noite e brigado com a mulher. São nove e meia da manhã quando você bate à porta desse cliente, então ele abre a porta e começa a xingar sua mãe e te expulsa. Pergunto-te: esse cliente tinha razão de fazer isso com você?
- Claro que não, professor. Eu não tinha nada a ver com o problema dele. – respondeu mais uma vez, Gabriel.
- Pois é, Gabriel, o cliente não teve "razão", mas teve "a sua razão", mesmo que errada. Cabe a nós entendermos e respeitá-la. Nem sempre vamos encontrar clientes amáveis e educados conosco, mas devemos dar um tapa de luva neles, servindo-os, ao invés de revidar com um mau atendimento. Lembrem-se: podemos até ter valores diferentes dos clientes, mas nosso papel é cultivar um excelente relacionamento com eles; e isso vale para outras pessoas com as quais nos relacionamos, pois todos somos clientes!
- Outros fatores de separação, anunciados pelos casais, são: "Expectativas não atendidas" no casamento e "Expectativas irrealísticas" trazidas para o casamento.
- Muito bem, professor. Fui vítima de falsas expectativas ao vir para São Paulo, no meu primeiro relacionamento. – disse Sônia.
- Bem, Sônia, todos vocês devem se lembrar da época de namoro e noivado; quantos sonhos, planos e expectativas. Parecia que tudo era perfeito, neste tempo não enxergávamos os defeitos e falhas de relacionamento em nossos atuais cônjuges: era o par perfeito. Mas depois do casamento percebemos que toda aquela expectativa irrealísticas e até mesmo as necessidades básicas,

como carinho, atenção, compreensão, não são cumpridas conforme o esperado.

- Nesse ponto tenho falhado muito com meu marido. – disse Polianna.

- E como tem falhado! Isso gera uma grande frustração: expectativas diferentes da percepção real. – concluí.

- O acúmulo de sentimentos de raiva, mágoas e decepções, devido a esperança de que mudanças ocorram é outro fator que tem contribuído para o alto índice de separações.

- Tenho o seguinte lema: *"um casamento não se desfaz da noite para o dia, mas o acúmulo de sentimentos negativos desenvolvidos através de insatisfações acumuladas acaba provando um grande desgaste"*. Sobre esse assunto Mark W. Baker diz:

> *Trabalhamos nossos assuntos inacabados no inconsciente. Questões problemáticas ou não resolvidas do passado ficam armazenadas no inconsciente e são frequentemente revisitadas.*

- Assim, a infidelidade torna-se mais um indício de um estado de insatisfações, do que uma alternativa para um casamento que chegou ao fim. Quando a consciência da situação crítica aumenta, o casal questiona o sentido de prolongar uma relação conjugal fundamentada em bases tão frágeis.

- E o que devemos fazer, professor, nessa situação? perguntou Laura.

- Laura, devemos ouvir mais, comunicamo-nos melhor e superar as expectativas criadas em nossos relacionamentos.

- No mundo dos negócios, especificamente na relação com o cliente, também é assim: precisamos conhecer e entender o outro; suas queixas e insatisfações representam para nós um sinalizador importante para mudança, pois o modo como tratamos as queixas dos clientes é um fator que pode determinar quantos voltarão a negociar conosco e quantos nos trocarão pela concorrência.

- Falando sobre isso, vamos analisar resumidamente o comportamento do consumidor:

- O cliente mudou e vocês estão preparados para atender este novo perfil? Ele está mais informado, exigente, crítico, conhecedor de seus direitos, disputado pelas empresas. Por isso ele sente-se um verdadeiro Rei.

A ordem é fidelizar ou perder o cliente!

- Agora me respondam: quais são os motivos principais, pelos quais nós perdemos clientes?

De repente, Laura levanta-se determinada e diz: - Assistia uma palestra, onde o palestrante informou os seguintes dados, separados por duas categorias: causas naturais da perda de clientes e culpa nossa.

- Causas naturais: 1% Morte do cliente, 3% Mudança de localidade, 6% Amizades comerciais, 10% Descontos oferecidos pela concorrência.

- Culpa nossa: 15% Reclamações não atendidas, 65% Indiferença no atendimento. – concluiu Laura, sorrindo.

- Muito bem, Laura, era exatamente isso que eu queria ouvir. Uma coisa nos chama a atenção nesta pesquisa, o percentual de clientes que perdemos por causas naturais, às quais não podemos fazer grandes coisas para evitar (20%), e o da culpa nossa (80%). Isso me leva à seguinte afirmação:

- Precisamos atrair novos clientes para nossa empresa, pois perderemos 20% por causas naturais. Mas principalmente manter os já existentes, visto que estamos perdendo cerca de 80% dos clientes, por problemas de relacionamento.

- Isso é muito sério. Uma relação de insatisfações tem um grande preço, não somente para cônjuges, mas também para o mundo dos negócios:

Clientes insatisfeitos tornam a imagem da empresa negativa.

- Vejam o diz uma pesquisa realizada na Europa:

✓ Menos de 10% reclamam sobre a má qualidade;
✓ Para cada reclamação recebida, existem outros 26 clientes insatisfeitos;
✓ 90% dos clientes insatisfeitos evitarão sua compra no futuro, e;
✓ Cada um desses clientes comentará seu desapontamento, com pelo menos, 9 outros.

- Se há uma coisa que eu detesto é quando o cliente reclama, se eu pudesse não os atenderia. – disse Gabriel.
- Este seu comportamento não é correto, Gabriel, pois muitas pessoas se irritam e ficam impacientes, quando um cliente reclama sobre um produto ou serviço. E isso contribui para a procura de empresas concorrentes por parte dos clientes insatisfeitos, pois muitos deles preferem mudar de empresa do que brigar.
- A grande pergunta é: qual a disposição dos clientes, que tenham enfrentado problemas com nossa empresa, em fazer negócio novamente conosco?
- Segundo estudos da e-Satisfy, há uma relação entre o tratamento das queixas e a fidelização dos clientes. Ela demonstrou que os clientes insatisfeitos, que reclamam e tem seu problema solucionado, podem ser mais fiéis, dependendo do tempo da solução, do que se não tivesse tido problemas.
- Então podemos fazer outro tipo de relação nesta pesquisa: a relação entre o tempo de solução do problema e a probabilidade de

retenção dos clientes. Vejamos como os clientes insatisfeitos se comportam, segundo esta pesquisa, para um valor de perda acima de U$ 100,00:

✓ 82% dos clientes insatisfeitos, que tiveram sua queixa resolvida com rapidez, disseram que voltariam a comprar;
✓ 19% dos clientes insatisfeitos, que não tiveram sua reclamação resolvida, admitiram a possibilidade de voltar a fazer negócio com a empresa.
✓ 9% dos clientes insatisfeitos, que não manifestaram sua reclamação, acharam que voltariam a comprar da empresa.

- Para a mesma pesquisa, o comportamento dos clientes insatisfeitos se dá da seguinte forma:

✓ 1% a 5% queixam-se à administração ou à sede da empresa;
✓ 45% reclamam aos funcionários da linha de frente;
✓ 50% não registram qualquer tipo de reclamação.

- Uma conclusão importantíssima é que cerca de 50% dos clientes insatisfeitos não reclamam; eles não voltam mais e passam a fazer negócio com a concorrência, assim como a infidelidade pode ser o sintoma de insatisfações no casamento.
- Professor, sairei daqui com o sentimento de restauração de meus relacionamentos com os meus filhos, esposa e colaboradores. – disse Carlos.
- Apesar da desestruturação emocional, baixa autoestima e dificuldades de aceitar a separação como algo definitivo, a perda de um cliente, assim como as desavenças em um casamento, deveria despertar em nós sentimentos de reestruturação, e crescimento como pessoa. Precisamos mudar, e mudar para melhor!

- Existem três razões básicas, para se manter a fidelidade de um cliente:

✓ Custa 5 vezes mais para atrair um novo cliente do que para manter um já existente;
✓ O cliente tem diversas opções de compra no mercado (concorrência), e;
✓ Clientes satisfeitos mudam facilmente de empresa, mas os plenamente satisfeitos não.

- O desenvolvimento da fidelidade está intimamente ligado ao lado emocional: cultivo de um excelente relacionamento. – disse Laura, num tom de surpresa.
- Isso mesmo, Laura. Vejo que você está avançando muito bem. A fidelidade está intimamente ligada com as emoções:

Aquilo que o cliente sente pela empresa e também a qualidade da confiança no relacionamento com a organização desempenham um papel significativo na decisão de permanecer fiel.

- Os produtos e serviços prestados têm uma grande contribuição a dar no desenvolvimento da fidelidade, pois *"Produtos e serviços de alta qualidade, capazes de superar as expectativas dos clientes, alcançam altos índices de satisfação"*, e quanto maior o nível de satisfação, maior é a probabilidade de fidelizar.
- E como podemos obter a fidelidade dos nossos clientes? – perguntou Gabriel.
- Vamos ver algumas dicas para fidelização de clientes, mas logo após vamos aprofundar mais o assunto e entender o que é marketing de relacionamento, e sua contribuição nesta missão. Para fidelizar clientes precisamos:

- ✓ Conhecê-los e saber o que eles desejam;
- ✓ Concentrar nos processos, e não apenas nos resultados;
- ✓ Ouvir nosso cliente: conheça seus índices de satisfação do cliente, *feedback* dos clientes, faça pesquisa de mercado para conhecer seus clientes e concorrência, capacite seu pessoal de atendimento e suporte ao cliente.

- Visto a importância de manter um excelente relacionamento com o cliente, nossas empresas precisam utilizar, como estratégia competitiva, a implementação de um sistema de gerenciamento do relacionamento com o cliente, que seja eficiente e eficaz, a fim de melhorar sua imagem perante o cliente, aumentando consequentemente seus lucros. Como dissemos anteriormente: *o lucro é consequência de necessidades satisfeitas.*

- Saber trabalhar as informações relacionadas ao cliente para construir o planejamento estratégico e saber como utilizá-lo a favor cliente e da empresa é fundamental. Segundo Patrícia B. Seybold:

Para conquistar a lealdade do consumidor, é preciso encontrar formas de tornar sua vida mais fácil.

- Lembrem-se: um cliente insatisfeito multiplica negativamente a imagem de uma empresa, mas um cliente satisfeito volta e divulga para cinco a sete pessoas sobre seu negócio.

- Nunca mais poderemos dizer: "Cliente é igual a biscoito, vai um e vem dezoito". – sorriu Carlos.

- Isso aí, Carlos. Os paradigmas devem mudar. Voltando ao assunto, a construção de um sistema de gerenciamento dinâmico tornará a empresa mais próxima do cliente. Com o maior conhecimento dos clientes, será possível:

✓ Gerenciar o relacionamento com o cliente, estabelecendo um diálogo contínuo e forte que resultará em um relacionamento duradouro;

✓ Estabelecer novas formas de comunicação, com seus clientes, conhecendo seu perfil, estilo de vida e comportamento de compra;

✓ Integrar o cliente à organização, para a elaboração de produtos e serviços que superem suas expectativas.

- Para Benson P. Shapiro e John J. Svokla, no livro *Conquistando Clientes*:

Manter bons clientes deveria ser tão natural para uma empresa quanto respirar para seres humanos. Entretanto, muitas organizações se encontram tão voltadas para o esforço de atrair novos clientes que acabam não investindo recursos na preservação dos relacionamentos pós-venda, de longa duração.

- O grande objetivo do marketing de relacionamento é de atrair, manter e solidificar o relacionamento com clientes.

- Acho que, para isso, é necessário um profundo conhecimento dos clientes, para oferecer-lhes exatamente aquilo que eles desejam. – disse Polianna.

- Sim, Polianna, as empresas dedicam-se mais aos seus clientes, monitoram constantemente seus concorrentes e desenvolvem um sistema de análise de *feedback* que transforma essa informação, sobre o mercado e a concorrência, em uma nova e importante informação sobre o produto.

- Por muito tempo perdurou o conceito de marketing transacional onde os vendedores focalizam trocas individuais e isoladas, que satisfazem as necessidades de um cliente em uma hora e local determinados, ou seja, *conjunto de transações não interligadas*. Mas, atualmente, o marketing de relacionamento vem ocupando espaço, substituindo o conceito de uma única transação para uma série contínua de transações.

- A ideia central do marketing de relacionamento é o estabelecimento e manutenção de relacionamentos de longo prazo, mutuamente benéficos, entre organizações e seus clientes internos e externos.
- Veja neste quadro as principais diferenças entre Marketing Transacional e Marketing de Relacionamento:

Marketing Transacional	Marketing de Relacionamento
Ênfase em conquistar novos clientes;	Ênfase em manter os clientes atuais, bem como conquistar novos;
Orientação para o curto prazo;	Orientação para o longo prazo;
Interesse em realizar uma única venda;	Interesse em vendas múltiplas e relacionamentos duradouros;
Compromisso limitado com os clientes;	Alto nível de compromisso com os clientes;
Pesquisa sobre necessidades dos clientes utilizada para completar uma transação;	Pesquisa contínua a respeito das necessidades dos clientes utilizada para melhorar o relacionamento;
Sucesso significa realizar uma venda;	Sucesso significa lealdade do cliente, compras repetidas, recomendações dos clientes e baixa rotatividade de clientes;
Qualidade é uma preocupação da produção;	Qualidade é uma preocupação de todos os empregados;
Compromisso limitado com o serviço.	Alto grau de compromisso com o serviço.

Fonte: NICKELS, W. G. ; WOOD, M. B. Marketing: relacionamento, qualidade, valor. LTE, 1999, p.5.

- Se nossa empresa tiver capacidade para guardar e registrar, não apenas o nome, endereço, telefone de seus clientes, mas também as preferências, características comportamentais e outras informações, estará apta a desenvolver um programa longo e duradouro de marketing de relacionamento. – disse Gabriel.

- E para isso o computador é fundamental para o gerenciamento das informações dos clientes. – concluiu Laura.

- Muito bem, meus jovens, e por falar de automatização do contato com o cliente cabe a nós abrirmos um parêntese para falar sobre CRM:

CRM é o acrônimo *da frase em inglês Customer Relationship Management, expressão que significa Gestão de Relação com o Cliente. Este termo foi criado para definir toda uma classe de ferramentas, que automatizam as funções de contato com o cliente. Essas ferramentas compreendem sistemas informatizados e fundamentalmente uma mudança de atitude corporativa, que objetiva ajudar as organizações a criar e manter um bom relacionamento com seus clientes, armazenando e inter-relacionando de forma inteligente, informações sobre suas atividades e interações com a empresa.*

- O seu objetivo principal é auxiliar as organizações a angariar e fidelizar clientes ou prospectos, fidelizar clientes atuais, procurando atingir a sua satisfação total, através do melhor entendimento de suas necessidades e expectativas e formação de uma visão global dos ambientes de marketing.

- Esse sistemas de gestão de relacionamento com o cliente permitem que se tenha controle e conhecimento das informações sobre os clientes de maneira integrada, principalmente através do acompanhamento e registro de todas as interações com o cliente, que podem ser consultadas e comunicadas a diversas partes da empresa, que necessitem dessa informação para guiar as tomadas de decisões.

- Assim CRM é uma ferramenta, uma técnica à disposição do administrador de marketing, enquanto que o marketing de relacionamento é uma nova maneira de fazer negócios.
- São inúmeros os benefícios na utilização destas ferramentas, tais como:

- ✓ Melhora o diálogo com o cliente, através de vários meios de análise do *feedback* do cliente, como históricos de compras, pesquisas, etc.;
- ✓ Contribui para um melhor relacionamento com os clientes, através de programas de fidelização, de aumento do valor agregado, de volume e de frequência de compras;

- ✓ Permite trabalhar nichos de mercado com eficiência e lucro;
- ✓ Oferece maior controle sobre o canal de distribuição.

- Lembram dos principais fatores apontados pelos casais como justificativa para a separação?

Sim, professor: problemas de comunicação, divergência de valores, expectativas não atendidas e irrealísticas, acúmulo de sentimentos, decepções devido a esperança de que mudanças ocorram. – disse Polianna.

- Pois é, o marketing de relacionamento, também contribui para a diminuição destes fatores na relação com o cliente. O marketing de relacionamento aproxima:

- ✓ A expectativa do consumidor e a percepção gerencial;
- ✓ A prestação do serviço e a comunicação externa;
- ✓ A expectativa do cliente e a percepção do cliente.

- Acho que vou implantar o marketing de relacionamento lá em casa. – sorriu Laura.

- Também vou implantar o marketing de relacionamento em casa, Laura. – disse Polianna.

- Após a brincadeira continuei: - Muitas empresas agem de maneira passiva, aguardando apenas as reclamações dos clientes para solucionar os problemas. Empresas competitivas agem de maneira ativa antecipando-se ao cliente, procurando saber sua satisfação com o produto adquirido.

- O marketing de relacionamento traz para nós a necessidade do relacionamento empresa-cliente no pós-venda, como forma de: manter os clientes satisfeitos após a compra, aumentar a probabilidade de recompra, reconhecer os clientes como indivíduos e transformar as reclamações dos clientes em oportunidade para superar suas expectativas.

- E como podemos atingir estas metas, professor? – perguntou Carlos, num tom de dúvida.

- Para atingir estas metas citadas, precisamos aplicar algumas atividades voltadas aos clientes atuais, tais como:

- ✓ Identificar o tipo de cliente;
- ✓ Pesquisas para sondar suas necessidades e expectativas;
- ✓ Pesquisas para mensurar a satisfação;
- ✓ Fornecimento de canais de comunicação amplos, para facilitar o contato com o cliente e suas insatisfações;
- ✓ Demonstrar reconhecimento da importância do cliente para a organização.

- Pessoal, acho que por hoje está bem clara a importância do relacionamento com o cliente para o nosso sucesso, mas antes de adotar qualquer estratégia, que vise manter relacionamentos duradouros com os clientes externos, precisamos manter o foco naqueles que efetivamente produzem valor aos nossos produtos e serviços: nossos colaboradores. Quando ouvimos os verbos "conquistar, manter e fidelizar", logo lembramos das estratégias voltadas para o cliente externo, mas, e o pessoal que os atende direta ou indiretamente? Será que não devemos conquistar, manter e fidelizar aqueles colaboradores que efetivamente "vestem a camisa da empresa", aqueles que realmente se comprometem com nosso negócio e têm como missão prestar serviços de excelência ao nosso cliente externo?

Neste momento, Polianna levanta a mão e diz: - Lembro-me daquela frase de Rosenbluth e Mc Ferrin, no livro *O cliente em Segundo Lugar,* que o senhor, professor, me disse em seu escritório e que me inspirou para a mudança:

Coloque seu pessoal em primeiro lugar e veja como eles darão o máximo de si (...) pessoas infelizes produzem um serviço infeliz e uma lucratividade declinante.

- Isso mesmo Polianna, nossos clientes externos são a razão da existência de nossa empresa, mas para prestarmos serviços de excelência nossos colaboradores precisam se identificar com nossa organização e estar felizes com o que fazem.
- Veja o que o que Rosenbluth e Mc Ferrin neste mesmo livro citado por Polianna diz:

"É mais ou menos como a velha história sobre o cavalo e a carroça. Digamos que nossos funcionários representem os cavalos. Se pusermos os clientes na carroça e esta em frente dos cavalos, eles não chegarão muito longe. Podemos champanhe e caviar na carroça, e nossos clientes não chegarão a lugar algum enquanto os cavalos estiverem atrás deles."

De repente Paulo, meu pai, desperta e resolve falar: - Falando sobre a importância dos relacionamentos lembrei-me de uma situação pela qual Jesus Cristo passou que demonstra a essência da natureza humana, vejamos:

Então Jesus foi com eles a um lugar chamado Getsêmani, e disse a seus discípulos: Assentai-vos aqui, enquanto vou além orar.
Levando consigo a Pedro e os dois filhos de Zebedeu, começou a entristecer-se e a angustiar-se muito.
Então lhes disse: A minha alma está cheia de tristeza até à morte. Ficai aqui e velai comigo.
Indo um pouco diante, prostrou-se sobre o rosto, orando e dizendo: Meu Pai, se possível, passe de mim este cálice! Todavia, não seja como eu quero, mas como tu queres.
Voltando para os discípulos, achou-os dormindo. E perguntou a Pedro: Então, nem uma hora pudestes vigiar comigo?

- Jesus através desta situação nos demonstra que o aspecto essencial da natureza humana é a necessidade de ter um relacionamento amoroso com Deus e com os outros. Tanto é, que Abraham Maslow na teoria da hierarquia das necessidades diz que os indivíduos têm necessidade de relacionamento, de participar e de ser aceito por outros - necessidades sociais – e de ser estimado em termos de amor e reconhecimento pelos outros - necessidades de estima. – concluiu papai.

- Isso é verdade! Então porque não estender a ideia de cultivar um melhor relacionamento com todas as pessoas: cônjuges, clientes internos e externos, concorrentes, filhos, mães, pais, parentes, vizinhos e até mesmo inimigos. – disse Sônia como se soubesse bem do assunto.

- Acho que a sugestão de Sônia é muito válida, pois todos somos clientes, alguém que devemos servir, esta é nossa missão! – finalizei.

Capítulo IV

Servindo a todos

A Nova economia é, na verdade, uma economia de serviços. – Peter Drucker.

FINDADA A REUNIÃO DA MANHÃ, fiquei surpreso com a atitude do grupo. Todos se reuniram para planejar o almoço e a divisão das tarefas. Nem precisei avisar. E eles estavam se relacionando melhor, parecia que já se conheciam há muito tempo. Acho que algo está mudando internamente. Em vez de desavenças e indiferenças, percebo cooperação, motivação e amizade. Estamos progredindo muito!

Eram onze horas da manhã, quando todos os participantes começaram as atividades. Agora eram os homens os responsáveis pelo almoço e as mulheres pela limpeza da cozinha, pratos e utensílios utilizados. Carlos, com avental de cozinha, cantava e dava risadas enquanto preparava o tempero da carne. Gabriel, Paulo e as mulheres "se acabavam" de rir com aquela figura: "gordinho de avental cantarolando"; mas ele nem ligava. Era um clima muito feliz de ajuda mútua.

Às doze horas, o almoço já estava pronto. Então, sem precisar avisar, todos já estavam em volta da mesa e, para minha surpresa, "de mãos dadas" me aguardavam para orar, antes de começar a refeição. Era um clima de família unida e feliz.

Depois da oração sentei-me à mesa e não me deixaram servir, pois uns serviam aos outros, de modo que ninguém deixou de ser servido.

Saí daquela mesa muito feliz, pois sentia algo mudado em mim e em meus alunos. Então eu e meus pensamentos fomos até a sala da lareira, nosso local de reflexão. Comecei agora a refletir sobre a importância de servir. Quantas vezes deixei de atender às necessidades legítimas de minha família por ocupação ou orgulho, pensando que estava fazendo o suficiente ao lhe proporcionar uma vida de conforto e segurança financeira. Nenhum sacrifício fiz pela minha família, a não ser pensar em ganhar mais dinheiro: a sede pelo poder. Mas hoje vejo algo mudar dentro de mim, aquele orgulho e sede de poder têm sido substituídos pelo desejo de servir. Fico imaginando quanto bem estou fazendo para mim e para todas aquelas pessoas, que estão participando deste retiro. Sinto-me muito melhor agora!

Resolvi dar uma volta para ver como estão meus alunos. Entrei no quarto dos homens e vi Gabriel e Carlos conversando sobre suas dificuldades pessoais. Papai estava com Sônia na varanda. Preferi não me envolver em sua conversa, pois parecia que era algo sobre o passado dela que a fazia sofrer muito. Polianna e Laura, pareciam felizes compartilhando de um mesmo livro e falando sobre sucesso profissional e pessoal. Pelo visto todos estavam centrados em aproveitar ao máximo aqueles momentos, para quando retornarem para seus lares recomeçarem.

Ao perceber que tudo estava bem resolvi escrever mais um e-mail para Rafaela. Direcionei-me para a sala de reuniões, liguei o *laptop*, abri o programa para enviar e-mail e escrevi:

De: Marcos
Para: Rafaela ("Meu Grande Amor")

Assunto: Farei o que for preciso...

Rafaela, meu grande amor,
Mais uma vez estou escrevendo este e-mail para preencher o grande vazio e me sentir um pouco mais perto de você, pois não tenho outro contato contigo a não ser por aqui.

A cada dia me sinto mais preparado para uma verdadeira revolução em nosso casamento. Preciso te amar mais, beijar mais, sentir mais, dar mais tempo e atenção à você.

Perdoe-me por não ter percebido suas legítimas necessidades, e pensado apenas no meu sucesso e trabalho. Achava que te proporcionando conforto e segurança estaria cumprindo meu dever. Mas me enganei. Estou disposto a fazer o que for preciso para reconstruir nosso lar!

Espero que venha me buscar no encerramento do retiro.

JÁ ERAM TRÊS DA TARDE, quando o relógio da sala toca, avisando que já era hora da nossa próxima reunião. Os alunos se direcionam para a sala de reuniões, todos bem alegres. Quando entro na sala ouço um burburinho, daí falo: - Vejo que estão bem alegres, e quero aproveitar para parabenizá-los pelo delicioso almoço e pelo grande exemplo de "servir ao próximo". E por falar em servir, nosso tema de hoje é: Servindo a Todos. Então vamos lá:

    - Bem, pessoal, acho que podemos afirmar que o mundo empresarial mudou para o "mundo dos serviços", visto que não mais operamos exclusivamente nos setores do comércio e da indústria, como falamos no nosso encontro passado. Atuamos no ramo dos relacionamentos. Mesmo atuando no ramo dos relacionamentos, o sucesso para este setor depende também dos serviços que prestamos.

- As empresas precisam estar "preparadas para servir ao cliente", pois só assim irão obter algum sucesso neste novo mundo dos negócios. Será que sua empresa está preparada para servir ao cliente?

- Muitas organizações não estão preparadas para esse fato. Para tanto, é necessária uma verdadeira mudança cultural, visto que os velhos paradigmas, relacionados ao tratamento e atendimento ao cliente, devem mudar.

- Eu que o diga, professor. Depois que te conheci, mudei os velhos paradigmas, calcei as sandálias da humildade e passei a servir ao cliente. – disse Gabriel.

- Muito bem, Gabriel. Lembro-me de suas dificuldades e como você conseguiu superá-las. – respondi.

- Mas, professor, o que é servir para o Senhor? Pois quando falamos de "servir ao cliente" pensamos logo em servidão, obrigação, punição ou escravidão, pois, como país colonizado pelos europeus, herdamos esta visão. Para muitos, o fato de servir ao outro denota humilhação. Foram séculos de tradição escravocrata, onde a mercadoria "escravo" era valiosa para a Coroa portuguesa. Tanto assim que o Brasil foi um dos últimos países a abolir a escravidão. Por isso, o Brasil ainda vive a resistência em servir aos outros. – disse Laura, demonstrando conhecimento histórico.

- Laura, esse pensamento, o qual muitos cultivam até hoje, em nossa nação, é muito diferente do ideal cristão de servir como finalidade maior da existência humana. Jesus Cristo, exemplo de liderança, nos demonstra o conceito real de "servir", quando, num ato simbólico, lava os pés de seus discípulos:

Agora que eu, vosso Senhor e Mestre, vos lavei os pés, também vós deveis lavar os pés uns dos outros (João 13:14).

- Apesar de sua posição de influência e poder ele assume uma posição de servo, demonstrando assim que não é o *status* ou o poder que tornam uma pessoa importante, mas, sim, a capacidade de servir ao próximo.

- Como dissemos anteriormente, os relacionamentos são fundamentais para nossa vida. Sem as pessoas não há casamento, negócio ou diversão. Infelizmente, num mundo tão conturbado como o nosso - casamentos em crise, concorrência acirrada, mortes, roubos e correria pela sobrevivência - as pessoas têm se tornado egoístas, pensando apenas em seus próprios interesses. Precisamos deixar nossos paradigmas e orgulhos de lado e sermos mais humildes, reconhecendo que, para isso, servir ao outro é fundamental. E esse foi o grande exemplo de Jesus.

Naquele momento Paulo, meu pai, levanta a mão e, numa atitude solidária, diz:

- Se permite, professor, gostaria de dar um exemplo real para ajudar a definir corretamente o que significa servir:

- Certo dia passei por uma avenida, altamente movimentada, e ali encontrei uma mulher em cima de um viaduto, a ponto de se despedaçar, se jogando de uma altura de 12 metros. Quando vi aquela mulher, logo meu coração pulsou tão fortemente que minhas lágrimas começaram a rolar numa fração de segundos. Não resisti, parei o carro em um acostamento, pouco seguro, abri a porta e corri até aquela mulher, aparentando uns 52 anos, e disse: - Olá, meu nome é Paulo, e o seu? - No primeiro momento tentei, naquela situação, gerar empatia. Então ela me respondeu:

- Não interessa meu nome, não vê o que estou a ponto de fazer? Vá embora por favor!

- Tudo bem, tudo bem, mas pelo menos me explica uma coisa: por que vai fazer isso? O que te levou a cometer algo tão terrível?

- É isso mesmo, foi muito terrível! Eu abandonei meu bebê, recém-nascido, há uns 34 anos atrás. Daquele dia em diante, nunca mais vi meu bebê. Sofro desde aquele ano. Minha vida não tem mais sentido. Pelo que fiz, não consigo dormir, sorrir. Vivo uma vida isolada. Pago o preço pelo que fiz.

- Olha, Senhora, sei que o que fez pode não ter reparo, e isso te faz sentir mal. Você pode até se sentir mal com relação ao que você fez, mas só o fato de você estar sofrendo por isso, tantos anos, demonstra que você não é uma pessoa má. Você não pode se condenar e se tornar autodestrutiva assim, precisa se perdoar, para mudar suas convicções sobre você mesma. Deus enviou seu filho Jesus, não para condenar o mundo, mas para salvar. Ele entende como se sente e Ele já te perdoou por isso. E acredite, Ele cuidou de seu bebê, que hoje deve estar bem grande e feliz.

Neste instante ela começa a chorar copiosamente e grita bem alto: - Deus me perdoe pelo que fiz e o que queria fazer!

De repente ela desce da grade de segurança do viaduto e vem em minha direção, com os braços abertos, chorando muito. Foi um momento de muita emoção!

- Hoje tenho um conceito próprio de servir:

Todas às vezes que nos preocupamos com os outros a ponto de sentir suas necessidades, identificando-as e ajudando-os com amor.

Isso mesmo, Paulo. Veja o que James C. Hunter diz sobre servir:

Quando nos dedicamos a identificar e atender às necessidades legítimas dos outros (servir), descobrimos que é preciso fazer algum sacrifício. O alvo pode ser nosso ego, orgulho ou sede de poder, além de outros interesses pessoais (...)

Quando servimos os outros, temos que perdoar, pedir desculpas e dar uma segunda chance, mesmo quando não sentimos vontade.

- Imagine, agora, um mundo onde todos vivam este real conceito de servir. Nossos clientes teriam seus problemas solucionados e estariam felizes com nossas organizações. Nossos relacionamentos, conjugais e familiares, seriam melhores. Exerceríamos uma melhor liderança, levando os colaboradores a se sentirem felizes e motivados em nossas empresas, o clima organizacional seria melhor. Enfim, imagine o impacto de servir ao próximo.

- Excelente explicação, professor, e Senhor Paulo. Me ajudaram muito. Mas, professor, como podemos servir ao cliente e ao próximo? O que é necessário para isso, visto que vivemos em um mundo capitalista e egoísta?

- Para servir ao próximo precisamos amá-lo como a nós mesmos, nos colocarmos no lugar do outro. "Amar ao próximo como a si mesmo". E o próximo são as pessoas com quem temos algum tipo de relacionamento direto ou indireto. Daí minha receita para servir e fidelizar: "Amar ao cliente e se colocar no lugar dele". Você gostaria de ser mal atendida, demorar na fila, ser maltratada? Acho que nem você e nem o cliente gostariam de passar por essas situações. Coloque-se no lugar do outro e veja como as coisas mudam. – concluí.

- Jesus Cristo deu uma ótima contribuição para o mundo dos negócios e para a humanidade ao pedir para nos colocarmos no lugar do próximo. – disse papai. Em Marcos 10:43-44, Ele disse:

> [...]. *quem quiser ser o primeiro entre vós, será esse o que vos sirva; e quem quiser ser o primeiro entre vós será servo de todos.*

- Ao lermos o comentário sobre esse texto, na *Bíblia da Mulher*, editora Mundo Cristão, vimos que:

> *Jesus inverteu os conceitos humanos sobre quem e que é importante. Ele exemplificou com suas ações a verdadeira grandeza da estatura*

espiritual, servindo aos outros ao invés de esperar que os outros o servissem. Durante algum tempo, ele manteve encoberta a sua glória e assumiu o humilde papel de servo... aquele que veio ao mundo com um objetivo: servir até o ponto de entregar a própria vida.
(comentário - Bíblia da Mulher", editora Mundo Cristão, pg. 1234)

- Parece muito fácil, óbvio, mas por que somos mal atendidos, vivemos insatisfeitos com diversas empresas e poucos fazem o melhor para nos manter como clientes? – disse Sônia, indignada.

- Bem, Sônia, de fato, a humanidade não conseguiu ainda amar ao próximo e se colocar no lugar do outro. Mas, felizmente, existem algumas empresas que se esforçam para isso e têm obtido êxito num mercado hipercompetitivo, com clientes exigentes. – respondi.

- Neste ambiente de competição, não há mais diferencial competitivo, inovação e boa propaganda que não seja igualada em pouquíssimo tempo. Além de as margens estarem cada vez mais apertadas, a globalização cada vez mais veloz. Portanto, amar ao cliente é a melhor estratégia para fidelizá-los e mantermo-nos competitivos neste cenário, visto que, vivemos em uma era de produtos semelhantes, serviços parecidos, preços iguais e profissionais agindo da mesma forma. – concluí.

- Tudo bem que os produtos estão cada vez mais parecidos e os preços também, mas, professor, temos diversos tipos de clientes com comportamentos, gostos e perfis diferentes, como podemos servi-los.

- Boa pergunta, Gabriel. Lembra-se quando falamos sobre marketing de relacionamento? Vimos que ele permite que as empresas mantenham um relacionamento estreito com seus clientes e com isso consigam a lealdade deles. Para tanto, devemos conhecer quem são nossos clientes. Precisamos entender os tipos psicológicos dos consumidores, a fim de servi-los de maneira adequada, identificando necessidades e solucionando seus problemas, com dedicação e interesse. Então vejamos, de maneira sintética, os principais tipos de pessoas, com as quais nos relacionamos em nossas empresas e como atendê-las:

1. *Bem Humorada*:
    - ✓ É mestre em desviar do assunto (negócio);
    - ✓ É muito simples;
    - ✓ É muito simpática;
    - ✓ Gosta de conversa agradável.

Como servi-la:
    - ✓ Seja simples, simpático e bem humorado, sem exageros;
    - ✓ Não perca o foco do negócio;
    - ✓ Não se iluda, ela não é boba.

2. *Raciocínio lento:*
    - ✓ Quer sempre pormenores;
    - ✓ Vai aos mínimos detalhes;
    - ✓ É ordenada;
    - ✓ Demonstra dificuldade em associar elementos.

Como servi-la:
    - ✓ Use associações de ideias claras e sucintas;
    - ✓ Fale de forma clara e simples;
    - ✓ Mantenha a atenção;
    - ✓ Fale devagar;
    - ✓ Use exemplos fáceis;
    - ✓ Convença-a com provas e documentos;
    - ✓ Não a force.

3. *Presunçoso:*
    - ✓ Acha que "sabe tudo";
    - ✓ É vaidosa;

- ✓ Pressiona com objeções sem lógica;
- ✓ Não aceita opiniões;
- ✓ Procura desprezar a oferta;
- ✓ Quer e precisa dominar;
- ✓ Deseja o poder.

Como servi-la:
- ✓ Dar-lhe prestígio, sem ser bajulador;
- ✓ Não a tema;
- ✓ Não a evite;
- ✓ Não a menospreze;
- ✓ Seja rápido e objetivo;
- ✓ Use suas ideias para eliminar suas objeções;
- ✓ Apresente sugestões e não conclusões;
- ✓ Respeite-a em sua pretensa dignidade.

4. Desconfiada e Curiosa:
- ✓ É muito desconfiada;
- ✓ Gosta de debater e raciocinar;
- ✓ É firme;
- ✓ Suspeita de tudo;
- ✓ Faz muitas perguntas;
- ✓ Quer saber tudo e os porquês.

Como servi-la:
- ✓ Incentive-a;
- ✓ Seja firme;
- ✓ Demonstre confiança;
- ✓ Dê detalhes lógicos;
- ✓ Seja seguro ao expor seus argumentos;
- ✓ Demonstre segurança, através de dados reais;
- ✓ Faça afirmações que possam ser provadas.

5. *Pessoa Inteligente:*
   - ✓ É bem informada;
   - ✓ Não é facilmente influenciável;
   - ✓ Não gosta de argumentos fracos;
   - ✓ É autoconfiante.

Como servi-la:
   - ✓ Demonstre conhecimento sem irritá-la;
   - ✓ Deixe-a à vontade;
   - ✓ Seja firme;
   - ✓ Apresente fatos e não opiniões;
   - ✓ Não esconda informações, mesmo que elas não sejam boas.

6. *Descuidado/Confuso:*
   - ✓ Faz seus pedidos às pressas;
   - ✓ Às vezes anula os pedidos em seguida;
   - ✓ Costuma fazer reclamações depois;
   - ✓ Volta atrás;
   - ✓ Desorganizada.

Como servi-la:
   - ✓ Tome cuidado;
   - ✓ Procure ter certeza do que ela pediu;
   - ✓ Registre por escrito o combinado.

7. *Pessoa Tímida e Calada:*
   - ✓ Busca conselhos;
   - ✓ Não demonstra o que pensa;
   - ✓ Deixa o vendedor falando sozinho;
   - ✓ Não gosta de falar;
   - ✓ Tem medo de tomar decisões;

- ✓ Não responde aos argumentos de vendas;
- ✓ Não se impressiona com as vantagens do produto.

Como servi-la:
- ✓ Transmita-lhe confiança;
- ✓ Aconselhe-a;
- ✓ Não a pressione;
- ✓ Seja breve e sensato;
- ✓ Faça-a demonstrar o que realmente sente;
- ✓ Dê-lhe segurança e coragem para decidir;
- ✓ Desenvolva um diálogo, através de perguntas que exijam respostas.

8. Pessoa Briguenta:
- ✓ É extremamente nervosa;
- ✓ Gosta de brigar;
- ✓ Discute por qualquer coisa;
- ✓ Não hesita em expor opiniões;
- ✓ Critica o produto, a empresa, o vendedor, a concorrência.

Como servi-la:
- ✓ Evite discussões e atritos;
- ✓ Saiba ouvi-la;
- ✓ Não use o mesmo tom de voz que ela;
- ✓ Mantenha-se calmo e cortês;
- ✓ Use suas próprias ideias para convencê-la;
- ✓ Procure criar um clima amistoso;
- ✓ Seja paciente e tolerante.

Em resumo: Ame seu cliente e encontre maneiras para servi-lo identificando e superado suas expectativas.

- Coloquemo-nos no lugar do cliente, pois todos são clientes de todos. Precisamos investir em relacionamentos, é uma questão de sobrevivência colocar os corações da organização a serviço dos clientes.

- Vou disseminar isso para toda a empresa, incentivando nossos colaboradores a tratarem uns aos outros como clientes. – disse Polianna.

- Os líderes devem ajudar, para que os colaboradores tenham claramente no coração o que é amar os clientes internos e externos, criando assim uma relação duradoura com eles. Eu vou fazer isso! – disse, entusiasmado, Carlos.

Concluí o tema dizendo: - Precisamos desenvolver uma relação de amor com nossos Clientes internos e externos, com nossa família, amigos, enfim com todas as pessoas com as quais nos relacionamos, assim podemos servi-los com mais eficácia.

Lembrem-se:

As emoções podem gerar um vínculo entre as pessoas e os melhores serviços partem do coração!

Capítulo V

O líder, o colaborador e o cliente

AMOR: Ato de se pôr à disposição dos outros, identificando e atendendo suas reais necessidades, sempre procurando o bem maior. – James C. Hunter.

ERAM CINCO HORAS DA MANHÃ de domingo e eu estava acordado olhando para o teto do quarto, refletindo sobre aqueles dias no retiro. Dias decisivos para mim e que provocaram profundas mudanças no modo como eu pensava e via as coisas. Um questionamento veio a mim: Por que me centrei em meu trabalho e decidi pensar somente em segurança e conforto para minha família? Por que nunca parei para ouvir minha esposa em suas necessidades de estima? Por que o conceito de sucesso para mim era bem diferente do de Rafaela? As respostas para estes questionamentos rebusquei em meus pensamentos durante aquelas horas, que antecediam o final do retiro e que para mim eram fundamentais para completar o processo de mudança eficaz em minha vida.

Então comecei a lembrar de minha infância, como eu era feliz com meus pais adotivos, porém cresci me questionando: por que fui abandonado por minha mãe biológica? Como uma mãe teria coragem de abandonar uma criança indefesa, em um hospital?

Cresci só me preocupando com segurança, futuro, não ser abandonado, por isso me isolei dos amigos, dos parentes, da família. Achei que minha missão era garantir para meus filhos e esposa, segurança, acima de tudo. Mas me esqueci de onde Rafaela viera. Ela sempre viveu uma vida tranquila e feliz, seu pai era industriário do setor de couros. Sua família era muito amável com todos e, principalmente, com ela, e tinha um grande poder aquisitivo, porém não davam muita importância ao dinheiro, tinham ele como um meio e não como um fim. Nunca parei para atentar que o que Rafaela necessitava era de carinho, atenção e apoio, coisas que ela estava acostumada a receber e que fazem parte de uma família feliz. De que adianta conquistar o sucesso profissional, dinheiro, fama, se nos sentirmos vazios e até mesmo infelizes. Eu era assim. O dinheiro nos proporciona apenas momentos de felicidade. O sucesso para Rafaela era ser feliz ao lado de seu esposo e filhos, num lar envolto de muito carinho.

Como líder, influenciei milhares de pessoas, como um homem de sucesso também. Muitos me procuram para saber qual é minha receita de sucesso. Já falei de tudo, mas hoje se me perguntarem, direi: o sucesso consiste no fato de cultivar excelentes relacionamentos, trabalhar para conquistar sonhos e ser feliz!

Nem me dei conta, mas já eram sete e meia da manhã, hora de mais uma reunião com meu pessoal. Cheguei na sala e, para minha surpresa, todos já estavam lá. Seus olhos pareciam me dizer vamos começar, professor, pois queremos mais de seus conhecimentos para obtermos sucesso em nossa nova caminhada. Aquele médico que precisava de cura, parece ter ajudado a curar muitos! – pensei. Então disse:

- Bom dia, pessoal. Acredito que muitos de vocês estejam digerindo alguns dos princípios e conceitos, que apresentamos aqui durante estes dias. Façam isso, saboreiem a cada dia da vida de vocês tudo aquilo que falamos, nunca deixem morrer esta plantinha, que está crescendo dentro de vocês. Mantenham-na saudável, forte. Deem a ela oxigênio, água, terra fértil. Lembrem-se: vocês influenciarão a vida de outras pessoas com as quais tenham contato, e sua missão será semear aquilo que aprendemos aqui.

- Acho que se fizermos um resumo sobre tudo que falamos até agora, perceberemos a grande importância dos relacionamentos em nossa vida. Sentimo-nos mal quando somos maltratados, rejeitados ou alguém agem com indiferença conosco. Se olharmos à nossa volta, perceberemos que sempre temos alguém para servir, não como obrigação escrava, mas sim com amor, dedicando-se em descobrir e superar suas expectativas. Sempre haverá alguém para servir, sempre haverá um cliente precisando ser ajudado, por isso, é imprescindível olharmos o mundo com outros olhos, olhos de amor, prontos para servir. Mesmo numa relação comercial, devemos olhar nossos clientes como alguém que nos procura com um problema e nós devemos estar prontos para conquistar sua confiança, através da demonstração sincera de uma preocupação em solucionar seus problemas, voltando-se para o cliente e não olhando para ele, simplesmente, como um cifrão monetário. Todos somos clientes uns dos outros! Aqui entendemos que clientes são todas as pessoas que nos relacionamentos direta ou indiretamente, tendo necessidades específicas, e nós somos agentes intermediários responsáveis, não apenas por sua satisfação, mas pelo desenvolvimento de uma relação positiva, que impacte a vida destas pessoas e os tornem amigos. Façamos a diferença, há clientes por todos os lados e sempre alguém para servir. Além disso, as pessoas, internamente, necessitam de atenção, carinho e afeto. Olhando para dentro de nossas organizações vemos uma mudança, o próprio sistema capitalista está mudando. Começamos a nos preocupar mais com o próximo, com as crianças, com as pessoas "especiais", com a qualidade de vida de nossos colaboradores, com o planeta em que vivemos. Empresas socialmente responsáveis agregam mais valor aos seus produtos e serviços.

- Os paradigmas estão mudando, ainda bem! A antiga forma de liderar parece ter perdido terreno. Queremos ser melhores líderes, capazes de contribuir para o desenvolvimento de pessoas comprometidas e motivadas conosco e com nosso negócio.

- E para isso necessitamos mudar nossos velhos paradigmas, pois os antigos métodos de controle e comando de pessoas, não são mais eficazes diante desta nova conjuntura, a era do conhecimento e da informação. Correto, professor? – perguntou Laura.

- Sim, Laura, todos nós, presentes aqui, desempenhamos algum cargo de liderança e acabamos por influenciar, positiva ou negativamente, a vida de outras pessoas. Somos pais, professores, maridos, esposas, irmãos, supervisores, diretores. Influenciamos a vida de alguém e isso é muito sério! Mais uma vez: a vida é feita de relacionamentos. As empresas que pretendem vencer neste "novo mundo" precisam mudar suas atitudes com relação à liderança, pessoas e relacionamentos, pois a saúde de uma organização não está apenas em seus índices de viabilidade econômica, mas sim em sua forma de liderar pessoas. Lembrem-se sempre: as pessoas passam mais tempo conosco, do que com seus familiares e nós acabamos por influenciar seus comportamentos. Liderança é uma grande responsabilidade a nós confiada.

- Professor, certa vez participei de um seminário sobre liderança onde o palestrante disse que a grande causa de empresas, casamentos e igrejas doentes está no estilo de gerência de poder e controle. No primeiro momento não concordei, mas hoje vejo que ele tinha razão. – disse Polianna.

- Muito bem, Polianna. Organizações competitivas e saudáveis mantêm relacionamentos saudáveis entre clientes internos e externos, diretores, fornecedores, comunidade e governo, e isso vale para outras instituições como família, política e igreja: o segredo do sucesso ou fracasso está na liderança. Para nos tornarmos líderes eficazes neste novo momento econômico e social, é necessário mudar antigos comportamentos, e estar disposto a aprender novos hábitos. Os velhos paradigmas precisam ser abandonados, e isso é bem difícil, mas fundamental para nosso sucesso.

- Carlos, você lembra aquela nossa conversa em meu escritório? Lembra de sua pergunta?

- Lembro sim, professor. Eu perguntei se meu estilo de liderança estava antiquado e qual o melhor estilo no meu caso.

- Bem, Carlos, veja o que os pesquisadores White e Lippitt descobriram sobre estes estilos de liderança:

- Em 1939 eles fizeram um estudo, para verificar o impacto causado pelos três diferentes estilos de liderança – Autocrática, Liberal e Democrática - em meninos de dez anos, orientados para a execução de tarefas. Os meninos foram divididos em quatro grupos, no período de seis semanas. A direção de cada grupo era desenvolvida por líderes, que utilizavam três estilos diferentes: a liderança autocrática, a liderança liberal e a liderança democrática.

- Os meninos se comportaram da seguinte forma aos diferentes tipos de liderança, aos quais foram submetidos:

Liderança Autocrática: O comportamento dos grupos mostrou forte tensão, frustração e, sobretudo, agressividade, de um lado, e, de outro, nenhuma espontaneidade, nem iniciativa, nem formação de grupos de amizade. Embora aparentemente gostassem das tarefas, não demonstraram satisfação com relação à situação. O trabalho somente se desenvolvia com a presença física do líder. Quando este se ausentava, as atividades paravam e os grupos expandiam seus sentimentos reprimidos, chegando a explosões de indisciplina e de agressividade.

- Estou começando a entender, professor: meu grupo só desenvolve bem uma tarefa se eu estiver presente, quando tenho que sair, ou me ausentar por algum dia a produção declina e

problemas de indisciplina e agressividade começam a surgir. Parece que as coisas só funcionam com minha presença.
- Agora me tire uma dúvida, professor: o problema disso pode estar no meu estilo de liderança? – perguntou Carlos.
- Exatamente, Carlos. Vejo que está avançando. Agora vamos analisar o comportamento dos meninos, diante de outros tipos de liderança:

Liderança Liberal: Mesmo apresentando uma atividade intensa dos grupos, a produção foi simplesmente medíocre. As tarefas se desenvolviam ao acaso, com muitas oscilações perdendo-se muito tempo com discussões mais voltadas para motivos pessoais do que relacionadas com o trabalho em si. Notou-se forte individualismo agressivo e pouco respeito com relação ao líder.

Liderança Democrática: Percebeu-se a formação de grupos de amizade e de relacionamentos positivos entre os meninos. Tanto o líder quanto os subordinados passaram a desenvolver comunicações espontâneas, francas e cordiais. O trabalho mostrou um ritmo suave e seguro sem alterações, mesmo quando o líder se ausentava. Houve um nítido sentido de responsabilidade e comprometimento pessoal.

- Gostei disso, professor, agora sei que preciso mudar meu estilo de liderança, para obter um melhor relacionamento com minha equipe e a adesão aos objetivos organizacionais. Com isso os resultados virão sem muita pressão e insatisfações, e minha imagem, diante do grupo e da diretoria, será melhor. Tenho andado muito estressado com isso tudo, chego em casa um "caco". – desabafou Carlos.
- Isso é muito interessante, professor. Nos ajudará bastante a entender o comportamento de nossos colaboradores, diante de um certo estilo de liderança, e a buscarmos estilos que produzam mais eficácia no relacionamento com eles. – disse Polianna.

- Muito bem, pessoal, mas antes de concluir sua reflexão é bom saber que esta abordagem do comportamento não leva em consideração outros fatores, além da personalidade, capazes de influenciar a eficácia do estilo de liderança, como: as experiências passadas e as expectativas do líder, as expectativas e comportamento dos superiores, as expectativas e o comportamento dos colegas, o clima e as políticas organizacionais.

- Essas considerações levaram às abordagens situacionais da liderança. A Teoria Situacional surgiu diante da necessidade de um modelo significativo na área de liderança, onde maturidade é vista como a capacidade e a disposição das pessoas em assumir a responsabilidade de dirigir seu próprio comportamento. Portanto, entende-se como Liderança Situacional o líder que se comporta de um determinado modo ao tratar individualmente os membros do seu grupo e, de outro, quando se dirigirem a este como um todo, dependendo do nível de maturidade das pessoas que o mesmo deseja influenciar.

- Na Teoria Situacional existem quatro estilos de liderança: "Determinar", "Persuadir", "Compartilhar" e "Delegar". Esses estilos resumem uma combinação de comportamento de tarefa e de relacionamento, estabelecendo objetivos e definindo os papéis das pessoas que são dirigidas pelo líder.

Determinar: *para maturidade baixa. Pessoas que não têm nem capacidade nem vontade de assumir a responsabilidade de fazer algo, não são seguras de si. Este estilo caracteriza-se pelo fato de o líder definir as funções e especificar o que as pessoas devem fazer, como, quando e onde devem executar várias tarefas.*
        ESTILO APROPRIADO: Comportamento de tarefa alta e relacionamento baixo.

Persuadir: *Para maturidade entre baixa e moderada. Pessoas que não têm capacidade e sentem disposição para assumir*

responsabilidades, mas ainda não possuem as habilidades necessárias. A maior parte da direção a ser tomada neste estilo ainda é dada pelo líder.
ESTILO APROPRIADO: Comportamento de tarefa alta e alto relacionamento.

Compartilhar: *Para maturidade entre moderada e alta. As pessoas possuem capacidade, mas não estão dispostas a fazer o que o líder quer, por não estarem seguras de si mesmas. O líder e o liderado participam juntos da tomada de decisão, sendo o papel principal do líder facilitar a tarefa e a comunicação.*
ESTILO APROPRIADO: Comportamento de relacionamento alto e tarefa baixa.

Delegar: *Para maturidade alta. As pessoas têm capacidade e disposição para assumir responsabilidades. São psicologicamente maduras, não necessitando de uma comunicação acima do normal ou de um comportamento de apoio.*
ESTILO APROPRIADO: Comportamento de relacionamento baixo e tarefa baixa.

- Professor Marcos, acho que fiquei um pouco confusa. O senhor falou que na "Liderança Situacional, o líder se comporta de um determinado modo ao tratar individualmente os membros do seu grupo, e de outro quando se dirigirem a este como um todo, dependendo do nível de maturidade das pessoas que o mesmo deseja influenciar". Mas o que é maturidade, segundo esta teoria? – perguntou sabiamente Sônia.

- Bem, Sônia, levando em consideração que o estilo de liderança a ser adotado por determinado líder, depende do nível de maturidade das pessoas que o mesmo deseja influenciar, devemos então definir o que significa "Maturidade": em termos de capacidade e de disposição, dizemos que o conceito de maturidade divide-se em duas dimensões: maturidade de trabalho (capacidade) e maturidade psicológica (disposição).

- A maturidade de trabalho está relacionada com a capacidade de fazer alguma coisa, referindo-se ao conhecimento e à capacidade técnica. As pessoas com alta maturidade de trabalho numa determinada área, têm o conhecimento, a capacidade e a experiência necessária para executarem certas tarefas, sem direção da parte de outros.

- A maturidade psicológica refere-se à disposição ou motivação para fazer alguma coisa. Está ligada à confiança em si mesmo e ao empenho. As pessoas que possuem alta maturidade psicológica julgam que a responsabilidade é importante, têm confiança em si mesmas e sentem-se bem nesse aspecto do seu trabalho. Não precisam de grande encorajamento para cumprir suas tarefas.

- Preciso de pessoas assim no meu grupo. Mas sei que isso é muito difícil ainda mais quando descobri que primeiro tenho que melhorar, ou mesmo mudar meu estilo de liderança. –concluiu Carlos, como um desabafo.

- Concordo com você, Carlos, também preciso disso. – concordou Polianna.

- Muito bem, Carlos e Polianna, isso é um bom sinal. Na Liderança Situacional, o líder deve ajudar os liderados a amadurecerem até o ponto em que sejam capazes e estejam dispostos a fazê-lo. Esse desenvolvimento deve ser realizado ajustando-se o comportamento de liderança.

Independentemente do nível de maturidade do indivíduo ou grupo, podem ocorrer algumas mudanças. Sempre que, por qualquer razão, o desempenho de um liderado começar a regredir e sua capacidade ou motivação diminuir, o líder deverá fazer uma reavaliação do nível de maturidade e dar o apoio sócio emocional e a direção apropriada que o liderado necessitar.

Deste tipo de abordagem, concluímos o seguinte:

a) Um líder pode assumir diferentes padrões de liderança para cada um de seus subordinados;

b) Para um mesmo subordinado, o líder também pode assumir diferentes padrões de liderança, conforme a situação envolvida. Em situações em que o subordinado apresenta alto nível de eficiência, o líder pode dar-lhe maior liberdade nas decisões.

- Então, professor, o líder é alguém com habilidade de levar as pessoas a fazerem de boa vontade o que você quiser, por causa de sua influência pessoal, e, de acordo com a situação, adapta o estilo do comportamento de liderança. – Carlos concluiu, sorridente.
- *Ok*, Carlos, você me surpreendeu. Só mais uma observação; segundo Antonio Carlos Gil, no livro *Gestão de Pessoas*:

Gestão de pessoas é função gerencial que visa à cooperação das pessoas que atuam nas organizações para o alcance dos objetivos tanto organizacionais quanto individuais.

- Concordo plenamente, que precisamos desenvolver a habilidade de influenciar pessoas para que essas possam trabalhar motivadas e comprometidas com nossa missão de servir. Mas será que podemos tanto assim? – disse Gabriel, surpreso.
- Podemos, sim, causar um grande impacto na vida das pessoas que nos relacionamos, enfim, podemos mudar a forma como tratamos nossos clientes internos e externos se aplicarmos o conceito de serviço tão difundido e influenciado por um grande líder: Jesus.
- Jesus Cristo tem influenciado a humanidade por mais de dois mil anos, sendo até hoje capaz de melhorar relacionamentos, sarar feridas da alma, incentivar o perdão, salvar casamentos falidos, gerar esperança em corações decepcionados. Como um homem e seu pequeno grupo de doze discípulos pode multiplicar o conceito

de amor e serviço? Como Ele treinou essa equipe? Como Ele se tornou grande? A resposta para isso tudo é: se alguém quiser ser grande, sirva!

- Jesus nos demonstrou um novo modelo e estilo de liderança, objeto de estudo de diversos estudiosos do assunto. Mas, foi James Hunter, o que mais me impressionou quando descreveu seu conceito de liderança servidora:

Habilidade de influenciar pessoas para trabalharem entusiasticamente visando atingir objetivos comuns, inspirando confiança por meio da força do caráter.

- Outra característica apresentada no estilo de liderança de Jesus foi a capacidade de ajudar indivíduos a trabalharem em equipe.
- É verdade, professor. Nunca se falou tanto sobre a importância do trabalho em equipe, como agora. – disse Laura.
- Obrigado, Laura. A procura por indivíduos, que tenham habilidade para trabalhar em conjunto, é cada vez maior, sendo apontada como uma competência essencial.

O trabalho em equipe combina os talentos dos indivíduos para gerar algo mais do que é possível com cada indivíduo tomado em separado.

- Tudo bem que a cada dia que se passa, cresce o interesse das organizações em formar equipes de trabalho, mas confesso a vocês: eu gosto de trabalhar é sozinho, centrado em meu trabalho. – confessou Gabriel.
- Gabriel, não concordo com você, pois a equipe é formada por pessoas com habilidades e experiências diferentes (o que é difícil para um só indivíduo) e que pode responder e vencer diversos desafios com maior velocidade e eficácia. – disse Polianna.

- Também concordo com Polianna, pois as equipes são mais criativas que as pessoas trabalhando individualmente, pois a diversidade de pontos de vistas pode contribuir para a criação de ideias novas e eficazes. – disse Sônia.

- Que bom que vocês pensam assim, meninas, trouxeram esses conceitos para nossa equipe. Gabriel, tudo bem que você foi acostumado a trabalhar sozinho, mas no trabalho em equipe as pessoas são incentivadas e encorajadas a encarar a mudança, pois o indivíduo tende a ser resistente às mudanças, pois psicologicamente mudanças trazem consigo insegurança e incertezas. No trabalho em equipe as pessoas são incentivadas e encorajadas a encarar a mudança.

- Vou dar minha pequena contribuição. – disse papai:

Melhor é serem dois do que um, porque têm melhor paga do seu trabalho. Pois se um cair, o outro levanta o seu companheiro; mas ai do que estiver só, pois, caindo, não haverá quem o levante. (Eclesiastes 4:9-10)

- Obrigado, pessoal. Acho que vocês venceram, estou convencido da importância e da necessidade de se trabalhar em equipe – desabafou sorridente, Gabriel.

- O psicólogo Abraham Maslow constatou que os indivíduos têm diversas necessidades, com diferentes forças. Sabemos que necessitamos de alimento, de abrigo, pagar nossas contas, de segurança no emprego, etc., mas também de nos relacionar com os outros e de sermos aceitos por eles. Sem isso nosso trabalho se torna enfadonho e sem graça.

- Trabalhar em equipe é mais divertido do que trabalhar individualmente, o que pode contribuir para melhorar nosso desempenho. – disse Laura.

Neste instante me dirijo ao quadro e escrevo:

Há... coisas na terra que são pequenas, mas extremamente sábias: as formigas, criaturas sem força, todavia no verão preparam a sua comida... os gafanhotos não tem rei, porém todos saem, e em bandos se repartem (Provérbios 30:24-27).

- Quando falamos em trabalho em equipe, logo nos lembramos das formigas e dos gafanhotos, seres tão pequenos, mas que dão um grande exemplo de união, força e autogerenciamento.

- As primeiras têm um líder, vivem numa sociedade eficazmente organizada e não precisam receber ordens para executar seu trabalho. Você já viu de perto um formigueiro? Já notou como elas andam em fileiras e sincronia perfeitas e preparam seu alimento no verão para os dias de chuva, quando não podem trabalhar? Já os gafanhotos não têm um líder, porém sabem o que devem fazer exatamente.

- Enfim, professor, o que é trabalho em equipe? – perguntou Sônia.

- Respondi com uma ilustração: suponha que você e mais duas pessoas estão trabalhando em uma plantação de feijão, onde cada um ganha o salário correspondente ao seu dia de trabalho. O trabalho funciona da seguinte maneira: em fila, você cava o buraco, o segundo joga a semente e o terceiro integrante tapa o buraco. Cada integrante deste grupo se preocupa apenas em realizar a sua tarefa, nada entendendo da importância do trabalho dos outros, "é cada um por si".

- Um certo dia o segundo membro da equipe faltou ao trabalho por motivo de saúde, porém a atividade continuou, pois cada um recebia o salário correspondente ao seu dia de trabalho e eles sabiam muito bem qual era sua responsabilidade, sem a necessidade de um líder para orientá-los. Você cavava o buraco, o segundo não jogou a semente (pois havia faltado), mas o terceiro tapava o buraco e assim prossegue o dia inteiro...

- Muitas pessoas, que atuam em diversas organizações, estão trabalhando em grupo e não em equipe, como se estivessem em uma linha de produção, onde o trabalho é individual e cada um se preocupa em realizar apenas sua tarefa e pronto. No trabalho em equipe, cada membro sabe o que os outros estão fazendo e sua importância para o sucesso da tarefa. Eles têm objetivos comuns e desenvolvem metas coletivas que tendem a ir além daquilo que foi determinado. Se no exemplo anterior você e os demais integrantes do grupo trabalhassem como equipe, conhecendo a importância do trabalho de cada membro, tendo uma visão e objetivos comuns, certamente vocês diriam: *"nosso colega faltou, vamos ter que substituí-lo ou mudar o modo como estamos plantando, se não nosso trabalho será improdutivo".*

Toda equipe é um grupo, porém... nem todo grupo é uma equipe. (Carlos Basso, sócio-diretor da Consultoria CR Basso)

- Grupo é um conjunto de pessoas com objetivos comuns, em geral se reúnem por afinidades. No entanto esse grupo não é uma equipe. Pois, e*quipe é um conjunto de pessoas com objetivos comuns atuando no cumprimento de metas específicas.*

Grupo são todas as pessoas que vão ao cinema para assistir ao mesmo filme. Elas não se conhecem, não interagem entre si, mas o objetivo é o mesmo: assistir ao filme. Já equipe pode ser o elenco do filme: Todos trabalham juntos para atingir uma meta específica, que é fazer um bom trabalho, um bom filme.
(Suzy Fleury, psicóloga e consultora empresarial e esportiva)

- E o que fazer para tornar nossas equipes mais eficazes, professor? – perguntou Polianna.
- Bem, Polianna, tornar uma equipe altamente eficaz é um grande desafio para os Gestores de Pessoas, visto que elas

apresentam determinadas características que precisam ser modificadas para ser uma equipe eficaz.

- Veja quais são as características de numa equipe eficaz:

Características	Descrição
Metas e Objetivos	Uma Equipe Eficaz possui metas e objetivos claros.
Distribuição de Responsabilidades	A responsabilidade para o cumprimento das metas é distribuída entre os membros da equipe.
Avaliação Constante	São realizadas diversas avaliações de seu progresso, com relação às metas a serem atingidas.
Diversidade de Habilidades	A equipe por possuir integrantes com habilidades e experiências diferentes, pode responder e vencer diversos desafios com maior velocidade e eficácia.
Recursos	Uma equipe eficaz possui recursos necessários para realizar seu trabalho.
Tamanho	São geralmente pequenas, possuindo menos de 10 pessoas.
Funções	Cada membro da equipe tem habilidade, aptidão e conhecimento para sua função e sabe da importância das demais funções para o sucesso da equipe.
Trabalho Prático	Desenvolvem processos e práticas de trabalho para realizar as tarefas de maneira mais rápida e eficaz.
Apoio	A equipe se apóia mutuamente em todas as tarefas e desafios.
Reconhecimento	Os sucessos individuais e de equipe são reconhecidos, seja através de premiação ou elogios.
Liderança	É compartilhada dentro da equipe de maneira adequada.
Conflitos	Enfrentam os conflitos de maneira construtiva e aberta.

Segundo pesquisas da empresa de consultoria em recursos humanos Hay:

Somente 25% das experiências com trabalho em equipe são bem sucedidas...

- Ter uma equipe altamente eficaz é mais do que ter um grupo de pessoas, visto que o trabalho em equipe precisa ser planejado, elaborado. Já o insucesso de determinadas equipes acontece por uma série de fatores, dentre os quais podemos destacar:

1. Metas e objetivos mal definidos;
2. Responsabilidades mal definidas;
3. Falta de habilidades e conhecimento;
4. Ausência de treinamento;
5. Estilo de liderança e comportamentos;
6. Reuniões sem eficácia;
7. Ausência de reconhecimento;
8. Inibição ou individualismo.

- Esses fatores, além de tornar nossa equipe menos eficaz, ocasionam alguns sintomas perceptíveis, tais como:

1. Atrasos, faltas e saídas;
2. Críticas à liderança e equipe;
3. Dominação;
4. Isolamento e desinteresse;
5. Conversas paralelas;
6. Falta de concentração;
7. Metas não cumpridas.

- Interessante, professor. Esses são os sintomas presentes em minha equipe, acho que tenho que mudar meu jeito de liderar. O problema não está na equipe, mas sim no líder. – disse Polianna, num tom de surpresa.

- Agora que já sabemos as características de uma equipe eficaz e quais os fatores de insucesso, vamos saber o que é necessário para ser um bom líder de equipe.

- Um bom líder de equipe tem os seguintes comportamentos:

1. Identifica-se com a visão e missão da empresa;
2. Influencia positivamente;
3. Define metas capazes de serem alcançadas;
4. Esclarece funções e responsabilidades;

5. Promove a integração da equipe;
6. Contribui e apoia o desenvolvimento pessoal;
7. Adapta seu estilo de acordo com a pessoa e a tarefa.

- O bom líder de equipe, no contexto de Gestão de Pessoas é mais do que administrador de pessoas e de recursos humanos. Ele precisa considerar seus funcionários como parceiros do negócio e gerar neles adesão aos objetivos, política e missão da organização. Para tanto o líder deve se identificar com a visão da empresa e gostar do que faz, pois assim passará confiança às outras pessoas. Ele age de modo que seus parceiros gostem do que fazem e sigam os rumos da empresa, garantindo que todos ganhem com isso. Veja abaixo as 10 Diferenças entre um Gestor e Líder, segundo Joan Goldsmith e Warren Bennis, em Aprenda a Liderar:

Gestor	Líder
Administra	Inova
Imita	Cria
Mantém	Desenvolve
Aceita a realidade	Investiga-a
Enfatiza os sistemas e estrutura	Tem obsessão por pessoas
Visão de curto prazo	Perspectiva de longo prazo
Pergunta como e quando	Pergunta o quê e por quê
Concentra-se no resultado imediato	Olha para o futuro
Aceita o *status quo*	Desafia-o regularmente
Faz as coisas bem	Faz as coisas certas

- Mas lidar com pessoas diferentes não é nada fácil, professor. Quando grupos de pessoas se reúnem para realizar um trabalho, aí é que começam a aparecer os problemas. E são muitos os motivos para a existência desses problemas. Parece algo invisível e perigoso, como um vírus se não tratado: é o lado emocional. – disse Laura.

- Sempre digo aos meus Clientes com dificuldade de relacionamento:

As relações humanas vêm carregadas de conteúdos emocionais que influenciam positiva ou negativamente.

- As emoções, ideologias, valores e crenças podem ser grandes facilitadores para o trabalho em equipe. O lado emocional é responsável pelo otimismo, motivação, comprometimento - tudo o que mais queremos num grupo - mas também pelos fatores que destroem uma equipe, como: inveja, estrelismo, ciúmes, decepção, medo, insegurança.

- O que você quer dizer é que precisamos trabalhar os processos emocionais, para garantir a eficácia de nossa equipe, e tirar debaixo do tapete toda sujeira emocional que está nos prejudicando? – disse Polianna, demonstrando grande interesse no assunto.

- Como líderes não podemos enxergar apenas as tarefas da equipe, mas também o relacionamento de nossa equipe para a execução da tarefa.

- Outro problema está relacionado às ideologias, às crenças e aos valores dos integrantes do grupo. Esse conjunto de fatores possui grande carga emocional e são os responsáveis pela direção de nossas ações e relações. Refletem-se constantemente nos pensamentos conscientes e inconscientes, lembram? Apesar de não reconhecermos diretamente, o que ocorre é a existência de um significado interno, construído nas experiências afetivas, desde a infância, e que afetam nosso comportamento. A razão disso é que as ideologias, valores acabam construindo comportamentos estereotipados, limitando a criatividade, impedindo a construção de novas soluções. Quando rompido o estereótipo, o grupo se transforma em um time, onde teoria e prática se integram, construindo uma força criativa capaz de vencer os desafios.

- Estou enfrentando, como você bem sabe, professor, sérios problemas de relacionamento com minha equipe. É que eu não tinha noção da imensa responsabilidade que me fora confiada e não tinha experiência nisso. Mas estou disposta a transformar meu grupo de trabalho numa equipe eficaz. – disse Polianna.

- Também estou enfrentando sérios problemas com minha equipe, mas acho que já sei o que fazer. – disse Carlos, num tom de mudança.

- Para transformar um grupo de trabalho numa equipe altamente eficaz precisamos tratar os sentimentos: de medo da perda da estrutura anterior; medo e resistência à mudança e insegurança e resistência às novas aprendizagens.

A convivência é tão importante quanto a realização da tarefa, pois é ela quem dá significado à nossa existência.

- Enfim, como estamos atuando no ramo de relacionamentos, e as pessoas são o ativo mais valioso de uma organização, a motivação, lealdade, esforço conjunto são essenciais para o sucesso de nossos negócios. Imagine você, como líder de empresa, dizendo para seus colaboradores que se importem com os clientes. "Importar" é uma emoção e se os colaboradores não sentirem que você, como empresa, não se importa com eles, dificilmente farão isso pelos clientes. Os líderes precisam colocar seu pessoal em primeiro lugar, antes mesmo dos clientes. Se as pessoas que trabalham conosco se sentirem inseguras, desmotivadas e desvalorizadas não vão se comprometer com nossos clientes. Como diz Rosenbluth e Mc Ferrin:

As pessoas não põem o cliente em primeiro lugar de modo inerente, e certamente não o fazem só porque seu empregador assim deseja ... Concentre nos funcionários por causa dos clientes. Desse modo todos ganham.

Capítulo VI

Cuidando da plantinha

Para que as plantas floresçam, as ervas daninhas devem ser arrancadas. Cumpre ter um olhar aguçado e uma mão firme para ceifar uma sem prejudicar a outra. Mas esse é um processo sem-fim, e essencial. – Hal F. Rosenbluth e Diane McFerrin Peters

JÁ ERAM ONZE HORAS quando finalizamos a reunião. Então, antes que se dispersassem, comuniquei que às duas horas da tarde teríamos a apresentação das plantinhas, fornecidas a cada um deles na chegada ao retiro e que eles deveriam cuidar; alguns me olharam surpresos, seus olhares pareciam dizer: "E agora, acho que esqueci da plantinha, preciso cuidar dela o mais rápido possível, se houver tempo de salvá-la".

Resolvi dar uma volta no sítio para respirar melhor aquele ar puro. Tirei as sandálias dos pés e caminhei em direção a uma árvore grande e frondosa: era um pé de manga espada, com diversos frutos maduros, prontos para alimentar quem ousasse subir nele. Comecei a observar aquela bela árvore e vi um par de sabiás brincando sobre seus galhos esparsos. Parecia um casal de pássaros apaixonados. Sentei-me aos pés daquela árvore, e comecei a refletir sobre todos os dias que passei ali no retiro. Dias que passaram tão rápido que nem notei. Acho que vou ficar com saudades de tudo isso. Nesses dias eu, que era o médico, precisava de cura, eu, que era o Mestre, fui ensinado, eu, que era o líder, aprendi a servir; como disse anteriormente:

Aprendemos muito servindo aos nossos clientes!

Nesses dias, que passamos aqui, percebi, entre tantas coisas, que, realmente, "a convivência é tão importante quanto a realização da tarefa, pois é ela quem dá significado à nossa existência". Foram dias de palestras, testes e aconselhamentos, onde tive a oportunidade de conhecer melhor meus "Clientes-Amigos". Acho que nos tornamos uma grande família, uma vez que passamos a nos preocupar uns com os outros, a ponto de sentir nossas necessidades, identificando-as e ajudando mutuamente com amor. Percebi que nosso sucesso e saúde profissional e pessoal estão intimamente ligados à maneira como cultivamos nossos relacionamentos, e, que, assim como um casamento saudável e feliz é resultado de relacionamentos saudáveis entre os cônjuges, empresas saudáveis devem manter relacionamentos saudáveis entre clientes, colaboradores, fornecedores e comunidade.

Acredito que tanto eu como meus "Clientes-Amigos" aprendemos uma grande lição neste encontro, onde nossos antigos paradigmas cederam lugar aos novos padrões. Sabemos hoje que servir ao outro é fundamental para nosso sucesso. Precisamos viver, sim, este real conceito de servir, desenvolvendo uma relação de amor com nossos clientes, internos e externos, com nossa família, amigos, enfim com todas as pessoas com as quais nos relacionamos. Só assim teremos clientes fiéis e excelentes lideres, nossos relacionamentos conjugais e familiares serão melhores, e nossos colaboradores estarão motivados com nossa empresa.

Agora sei da importância de encarar todas as pessoas, que interagem conosco, como clientes, pois todos são importantes para nós. Todos somos clientes uns dos outros, e sempre haverá alguém para servir!

O melhor de tudo é que estas reflexões me ajudaram a saber quem eu sou, a entender a importância dos relacionamentos para minha vida. Sinto algo diferente em minha vida, vejo as pessoas com outros olhos, *olhos de serviço, olhos de amor*! E sei que todos os participantes deste retiro sairão daqui diferentes, como líderes, colaboradores, maridos, filhos e esposas melhores. Tenho a sensação do dever cumprido. Aprendi de fato servindo aos meus clientes!

Ao mesmo tempo em que reflito sobre isso tudo e tenho a certeza de minha mudança, confesso que estou um tanto que preocupado, pois não sei como Rafaela irá me receber. Será que ela virá? Por que ela não me liga ou me escreve pelo menos um *e-mail*? Acho que nosso casamento chegou ao fim.

Num dado momento, meus pensamentos de reflexão parecem se transformar criativamente. Daí pensei: - preciso encerrar este retiro com chave de ouro, algo impactante e emocionante para o final. Então tive a brilhante ideia de convidar alguns dos líderes e colaboradores dos alunos, para o final do retiro.

Não perdi tempo, voltei para a casa, enquanto todos estavam almoçando, peguei a agenda telefônica, selecionei algumas pessoas da empresa de cada um dos participantes e liguei, convidando-os a virem para o encerramento do retiro. Para sorte minha e dos participantes, consegui fazer contato com a maioria deles. Para cada um dos participantes, consegui pelo menos um representante da empresa. Mas uma dúvida me corroía: e Sônia, a estranha participante convidada por papai, quem iria representá-la, visto que parece que ela não tinha ninguém para representá-la. Daí pensei que meu pai poderia representá-la. Agora estava tudo certo, cada participante teria alguém para representá-lo no encerramento do retiro. Será uma grande surpresa para todos eles.

NO FINAL DA TARDE, todos se reuniram na sala da lareira. Os olhares de todos não escondiam a felicidade de estar ali e o nervosismo de apresentar suas plantinhas. Então pedi que todos se sentassem e que Polianna começasse apresentando sua plantinha, o que ela significava e o que ela levava deste retiro para sua vida profissional e pessoal. Então ela respirou profundamente e com lágrimas nos olhos disse:

- Bem, professor, esta plantinha representa meu marido e os colaboradores da empresa. Falhei muito no cuidado desta plantinha, logo de início. Não retirei as ervas daninhas que a sufocavam. Esqueci que ela tinha, assim como eu, necessidades. Meu papel seria fornecer os meios adequados para que ela crescesse e se desenvolvesse da melhor maneira possível. Não percebi a imensa responsabilidade a mim confiada. Todos nós temos necessidades específicas, que competem por nosso comportamento, à medida que as suprimos, nos tornamos mais motivados e passamos a cooperar mais. As pessoas não precisam apenas ser bem remuneradas, elas também precisam de atenção, reconhecimento e dedicação. Minha plantinha estava maltratada, não forneci a ela água e nem cuidei de suas folhas e da terra, para que seu crescimento fosse de qualidade. Ao tentar arrancar as ervas daninhas, prejudiquei seu desenvolvimento, pois não tive os cuidados necessários para preservá-la. Nem o ambiente, que é o local onde ela estava inserida, favorecia seu desenvolvimento. A falta de luz, calor e água prejudicaram muito seu crescimento. Como líder preciso ser capaz de contribuir para o desenvolvimento de pessoas comprometidas e motivadas, conosco e com o nosso negócio. As pessoas passam mais tempo conosco do que com seus familiares e nós acabamos por influenciar seus comportamentos. Aprendi que liderança é uma grande responsabilidade a nós confiada. Cuidarei melhor de meu marido, preservarei a nossa relação, pois ele á muito importante para mim. Ele também é a minha plantinha. – terminou Polianna, muito emocionada.

Após o depoimento de Polianna me dirigi para Laura e disse: - Muito bem, agora é sua vez, Laura. Conte-nos o que você leva na bagagem deste retiro e o que esta plantinha representa em sua vida.

- Desde o momento em que entrei por aquele portão, senti que algo, para mim, iria mudar, mas não sabia que seria tão rápido e que eu passaria a enxergar as pessoas de outra maneira. Sou esta pequena plantinha, frágil, delicada e necessitando de cuidados específicos. Após ter sido traída por meu marido, sofri, chorei e fui muito radical, a ponto de não conseguir perdoá-lo. Aprendi aqui que os antigos paradigmas podem afetar nossos relacionamentos. Jesus Cristo nos ensinou, que as crenças e valores, acumulados ao longo de nossa vida, funcionam como princípios organizadores, que agem, muitas vezes, e o pior, sem percebermos, direcionando nossos comportamentos e decisões. Notei a necessidade de romper as velhas concepções e formas de pensar, pois elas funcionavam como verdadeiras prisões. Daí encarei a infidelidade de meu marido, não como uma questão de caráter, mas sim como de necessidades não atendidas, uma vez que fui muito negligente com ele. Hoje o encaro como uma plantinha necessitando de cuidados especiais. Volto para minha casa cancelando a ideia de divórcio e os antigos princípios organizadores, abrindo meu coração para a mudança, e saindo de trás de meu muro de defesa. Isso tudo prejudicou minha performance profissional e ao sair daqui passo a enxergar meu colegas de trabalho e líderes como minhas pequenas plantinhas, com necessidades específicas, sendo eu uma jardineira com ferramentas adequadas para cultivar excelentes relacionamentos. Vou sair daqui entendendo que o desenvolvimento da fidelidade está intimamente ligado ao lado emocional: cultivo de um excelente relacionamento. – concluiu Laura, emocionada.

Fiquei surpreso com as declarações de Laura, pois ela estava decidida em solicitar o divórcio, mas vejo que sua maneira de pensar mudou. Daí pensei: - Rafaela poderia ter participado deste retiro! Em segundos me recompus e chamei Gabriel: - Agora é a sua vez Gabriel, me conte o que leva daqui e o que esta plantinha representa para você.

- Oi, pessoal! Vou sair daqui completamente diferente. Meus valores podem até ser diferentes das outras pessoas, mas eu preciso melhorar minhas relações com elas, pois "entender o outro é o princípio de um bom relacionamento". Hoje tenho mais capacidade de ajudar minha mãe em sua dificuldade em aceitar a separação, vendo-a como uma plantinha frágil, e que devo cuidar da melhor maneira possível. Estava também como esta minha plantinha, esquecida num cantinho, triste e murcha, porém, ao conhecer o professor Marcos, vir para este retiro e conhecer todos vocês, me senti mais seguro, mais motivado, pois aqui encontrei pessoas que efetivamente se preocuparam comigo e isso me ajudou muito. Disso tudo tirei a seguinte lição: se olharmos à nossa volta, perceberemos que sempre temos alguém para servir, não como obrigação escrava, mas sim com amor, dedicando-nos em descobrir e superar suas expectativas. Haverá sempre alguém para servir, sempre haverá um cliente precisando ser ajudado, por isso, como o professor Marcos diz "é imprescindível olharmos o mundo com outros olhos: olhos de amor, prontos para servir". Precisamos deixar nossos paradigmas e orgulhos de lado, reconhecendo, que, para isso, servir ao outro é fundamental. E para isso precisamos nos preocupar com os outros, a ponto de sentir suas necessidades, identificando-as e ajudando-os com amor. – disse Gabriel, emocionado.

Diante daquele clima de muita emoção, chamei à frente Carlos. Este não se continha de tanta emoção. Então peguei em sua mão e disse: - Agora é sua vez Carlos, abra o coração e conte-nos o que leva daqui e o que esta pequena plantinha em sua mão simboliza.

- Bem, pessoal, primeiro quero agradecer a paciência de todos vocês comigo. Vocês não sabem como foi difícil para mim vir participar deste retiro. Durante o trajeto, de casa para o sítio, pensei em voltar por diversas vezes, mas minha esposa me estimulou a vir, não permitindo que eu desistisse. Parecia que ela sabia que esses dias aqui seriam essenciais para mim. E não é que ela estava certa? Hoje levo em minha bagagem o aprendizado de que precisamos desenvolver uma relação de amor com nossos clientes, internos e externos, com nossa família, amigos, enfim com todas as pessoas com as quais nos relacionamos a fim de suprir suas necessidades. E que os problemas de relacionamento atrapalham nossa vida pessoal e profissional.

- Um líder precisa estar preparado, pois líderes despreparados, além de contribuir com problemas de relacionamento, contribuem para um clima de desmotivação na equipe. E colaboradores insatisfeitos prestam serviços de qualidade inferior, o que resulta em mais insatisfação: dos clientes externos e internos, dos diretores e acionistas da organização. Passei a encarar todas as pessoas, que interagem conosco como clientes, pois todos são importantes para nós. Tanto os colaboradores de uma organização quanto as outras pessoas com quem nos relacionamos, todos são nossos clientes, pessoas com as quais devemos desenvolver um excelente relacionamento. E que, pressão, reclamações e punições, quase sempre, contribuem para a formação de uma equipe insatisfeita e desmotivada.

- Se as pessoas que trabalham conosco se sentirem inseguras, desmotivadas e desvalorizadas não vão se comprometer com nossos clientes. Isso pra mim foi uma grande lição. Precisamos nos colocar no lugar do cliente, pois todos são clientes de todos, e para isso o investimento em relacionamentos é uma questão de sobrevivência: "colocar os corações da organização a serviço dos clientes".

- Ao sair daqui, amarei mais meus netos, filhos, esposa e colaboradores, pois percebi a grande importância dos relacionamentos em nossa vida. – terminou Carlos, muito emocionado e feliz.

APÓS A APRESENTAÇÃO DE CADA PLANTINHA e do depoimento de cada um dos participantes, pedi a eles que se virassem. Para surpresa de todos, estavam lá, atrás deles: os colaboradores de Carlos e Polianna com uma plantinha na mão, simbolizando necessidade de atenção, carinho e cuidado, e os líderes de Laura e Gabriel com uma flor na mão, simbolizando amor para com seu colaborador.

Foi muito emocionante: abraços calorosos, lágrimas, perdão e sorrisos marcaram o reencontro de líderes e colaboradores, depois daqueles dias de mudança.

Polianna é recebida por sua equipe com fortes abraços, ela parecia muito feliz e emocionada. Tanto que chorava feito bebê, mas o mais interessante era que seus colaboradores também se emocionaram muito. Acho que a partir daquele dia eles seriam não mais um grupo, mas um time de campeões.

No início, a equipe de Carlos estava meio resistente em abraçar seu líder, mas ele mesmo tomou a iniciativa de abraçá-los, repetindo as seguintes palavras: - Vocês são muito importantes para mim, vocês são minhas plantinhas, tenho que cuidar de vocês! - todos agora pareciam felizes com o novo líder que surgira.

Laura, por sua vez, abraçara seus dois diretores e dizia: obrigado por me apresentarem o professor Marcos, vejo o mundo com outros olhos agora, olhos de servir.

Ao olhar para o lado, vejo Gabriel abraçado ao seu líder, pareciam sussurrar algumas palavras, e, para minha surpresa, os dois começaram a chorar.

Foram momentos inesquecíveis, mas percebi que Sônia estava triste e estava se deslocando para um canto do sítio. Então fui a sua direção e abracei-a com carinho, a ponto de sentir suas emoções mais profundas.

Parecia um bebê precisando de colo e carinho, e aquele abraço caiu como uma luva!

Ao abraçá-la, me senti abraçando minha mãe biológica. Confesso que não contive as lágrimas e ela também mergulhou no mesmo sentimento. Foi algo muito estranho, mas ao mesmo tempo muito emocionante.

Meu pai, ao lado, não se conteve e chorou copiosamente. Quanto desejei estar com Rafaela neste momento. Acho que nunca mais esquecerei esses dias, dias de emoção, dias de mudança!

Capítulo VII

O (Re)encontro

A mudança nos pontos de vistas tem o poder de mudar a história. - Mark W. Baker

APÓS A DESPEDIDA DOS LIDERES E COLABORADORES, e passar algumas horas conversando e chorando, fomos dormir. Já era quase uma hora da manhã, quando deitamos em nossas camas. Aqueles dias de retiro foram excepcionais, momentos únicos para todos nós.

Deitei em minha cama me sentindo leve, com o sentimento de "missão cumprida". Olhei mais uma vez para o teto e comecei a refletir sobre como seria minha vida a partir de amanhã, dia de voltar para casa. O primeiro questionamento que veio à minha cabeça foi: "será que Rafaela e as crianças virão?". Mas, ainda que ela não venha, uma coisa tenho certeza, o que é mais importante para mim: o cultivo de excelentes relacionamentos com minha família, colaboradores, clientes e outras pessoas com as quais mantenha contato. Os relacionamentos são a essência de nossa vida. O sucesso para mim não é apenas a segurança financeira, mas, sim, estar feliz através do cultivo de excelentes relacionamentos.

Posso até ter valores diferentes dos de Rafaela, mas meu papel como líder e marido é cultivar um excelente relacionamento com ela, as crianças e todas as pessoas que me relaciono, pois somos todos clientes! Somos diferentes uns dos outros, daí o segredo do bom relacionamento: entender e conviver com o outro; respeitar as diferenças, não obrigando o outro a ser como nós.

Gerei muitas falsas expectativas no casamento, o que contribuiu para o acúmulo de sentimentos de raiva, mágoa e decepção, devido à esperança de que as coisas mudassem. Preciso ouvir mais, me comunicar melhor e superar as expectativas criadas em meus relacionamentos. As queixas e insatisfações representam, para nós, um sinalizador importante para mudança, pois o modo como tratamos as queixas das pessoas é um fator que pode determinar quantos relacionamentos serão saudáveis e duradouros, e isso vale para o mundo dos negócios também!

Minha esposa, meus filhos, meus clientes e colaboradores são meus patrimônios mais valiosos. Enfim, as pessoas devem ser consideradas como nosso ativo valioso. Sendo um ativo valioso, podem ter uma medida de depreciação: a maneira como conduzimos nossos relacionamentos.

Passei cerca de uma hora mergulhado nesses pensamentos, até que o sono tomou-me completamente.

ERAM SETE HORAS DA MANHÃ DE SEGUNDA-FEIRA, quando acordei meio sonolento, último dia de feriado e dia da despedida. Após tomar um bom banho me direcionei ao refeitório, lá encontrei todos os participantes, então disse: - Bom dia, pessoal, todos dormiram bem?

- Como vocês sabem e já estão preparados, pois vejo suas bagagens, hoje é o dia de nossa despedida. Espero que não se esqueçam de mim, pois eu não me esquecerei de vocês. Estes dias foram muito especiais para mim, pois cultivei algumas plantinhas, que cresceram, ficaram mais fortes e prometem reproduzir outras plantinhas melhores. Plantinhas como: Laura, Polianna, Sônia, Gabriel e Carlos. Sou também grato ao meu amigo e pai, Paulo, por ter me acolhido, cuidado e protegido como uma plantinha indefesa. Vocês nem sabem o bem que fizeram a si mesmos e a mim ao vir para este retiro. Daqui a pouco vocês sairão por aquele portão. Quando entraram no sítio, ele representava o início da mudança, algo estranho, mas hoje vocês saem por ele prontos para influenciar a vida de outras pessoas. Não quero despedidas, ou apresentações aos seus familiares. Peço-lhes apenas que "coloquem-se no lugar das pessoas e tratem-nas como alguém muito importante para vocês, pois há clientes por todos os lados e sempre alguém para servir".

De repente ouço os sons de alguns veículos se aproximando do sítio, pela estrada de chão. Eram os familiares dos participantes do retiro, que vieram buscá-los, conforme tinham combinado com eles.

Mais emoção: Polianna abraça seu marido, com toda intensidade e pede perdão a ele. Os dois se beijam numa expressão de saudade e reconciliação. Polianna diz para ele: - Perdoe-me por não ter dado a atenção necessária, meu marido. Saiba que você é muito importante para mim. Eu, sem você, sou como um corpo sem alma. Te amo muito!

Carlos e sua senhora se abraçam por cerca de cinco minutos, sem dar uma palavra, mas após esse tempo, e muitas lágrimas, trocam palavras de amor. Tanto que sua esposa diz: - Acho que tenho um novo marido agora!

Laura, por sua vez, e seu marido, choravam como bebês. Ele chorava e pedia perdão, dizendo: - Não sei como fui fazer isso com você, mas estou arrependido, meu amor. Não posso te perder!

Mas a emoção mais forte foi o reencontro de Gabriel e sua mãe. Para sua surpresa sua mãe estava acompanhada de seu pai, o qual se reconciliara com ela e voltara para casa. Foi uma grande alegria para Gabriel ver seus pais unidos novamente. Eles se abraçaram, os três, choraram muito e foram embora.

Saí dali em direção à casa, calado e triste por notar que Rafaela não viera. Ao entrar na casa percebo outra pessoa sentada na sala da lareira a chorar: era Sônia, sentindo-se sozinha e relembrando seu filho, que abandonara.

Tentei confortá-la, mas eu mesmo também estava muito triste, não consegui falar nada, apenas chorei com ela. Essa era minha única forma de ajudá-la. Foi então que meu pai se aproximou de nós e nos abraçou. Pediu que nos levantássemos e orou por nós. Mas o mais interessante é que, em suas palavras, ele disse algo muito surpreendente para nós:

Senhor Deus e Pai quero te agradecer por esse reencontro entre mãe e filho, que há muito o Senhor havia preparado. Sei que todas as coisas cooperam para o nosso bem e que tudo tem seu tempo certo. Chegou o tempo desse encontro para trazer paz ao coração desta mulher sofrida e afago a este filho guardado pelo Senhor, ele que muito acreditou que uma mãe poderia até esquecer seu filho, mas o Senhor nunca se esqueceria dele. Agora vê que esta mulher passou anos se culpando pelo que fez, mas o Senhor é o Deus do amor e do perdão, abençoe esta mãe e este filho que precisam um do outro, assim como nós precisamos de ti. Eu te agradeço por esse reencontro em nome do Senhor Jesus Cristo. Amém!

Olhamos uns para os outros, atônitos, surpresos e muito emocionados. Não sabíamos o que falar, só nos abraçamos e choramos com mais intensidade. Este sim foi o momento mais especial deste retiro. Esqueci até que Rafaela não viera, pois minha mãe estava perdida e foi achada. Não sabia como me conter de tanta felicidade. Ela soluçando dizia: - Me perdoe meu filho, eu não sabia o que estava fazendo, desde aquele dia nunca mais vivi. Me perdoe, por favor!

Eu não sabia nem o que responder, só sei que não queria saber de nada, só de abraçar e beijar minha mãe. A abracei com tanta intensidade, que foi como se dissesse: nunca mais vou deixá-la me abandonar.

APÓS CONVERSARMOS muito, interroguei meu pai sobre como havia encontrado minha mãe biológica: - Meu pai, como o Senhor encontrou minha mãe e a trouxe para mim? - então ele disse:
- Lembra da história que contei no retiro, sobre aquela mulher em cima do viaduto a ponto de cometer suicídio?
- Sim, lembro-me perfeitamente. Não vai me dizer que aquela mulher era minha mãe! – respondi com admiração.
- Pois bem, era sua mãe. Deus me guiou e eu encontrei-a, para minha surpresa. Após o acontecido, achei muita semelhança entre ela e a sua história, o local onde ela abandonara o bebê e onde você nasceu, meu filho. Isso aconteceu há uma semana, então a levei para a igreja e depois para casa, minha esposa e eu oramos por ela, cuidamos, aconselhamos e a preparamos para este momento. Ela, assim como você, é nossa plantinha: alguém muito especial, que devemos cuidar com amor!
- Esse homem foi realmente enviado por Deus, pois aquele seria meu fim. – disse mamãe emocionada.

Epílogo

A mudança verdadeira acontece de dentro para fora.-
Mark W. Baker

FORAM DIAS MARAVILHOSOS, minha vida mudou, e ainda mais agora reencontrando minha mãe, que me abandonara quando nasci. Compreendi que aprendemos muito servindo às pessoas. Meu pai e minha mãe biológica tiveram que sair antes, pois tinham um almoço programado com alguns irmãos da comunidade que eles frequentavam e queriam apresentá-la para eles. Convidou-me, mas eu preferi não ir, dei a desculpa de que estava muito emocionado e exausto e que mais tarde iria na casa de meu pai, para ficar mais com minha mãe. Era só desculpa mesmo, o que queria era ficar um pouco sozinho e esperar Rafaela, mesmo que fosse em vão.

Antes da saída deles disse para minha querida mamãe:

- Mãe, a partir de hoje cuidarei de você como minha plantinha querida, quero que venha morar comigo, pois você tem dois netinhos para cuidar e uma nora pra conversar e fazer amizade! – disse isso, pensando em reconquistar a bela Rafaela.

Então, meu pai e Sônia, minha mãe, vão embora. Meus olhos acompanharam o veículo ultrapassar o "portão da mudança", e eu ali sozinho, sentia que faltava algo para minha felicidade completa.

Após cerca de meia hora resolvi ir embora, peguei minha mala, entrei em minha caminhonete e, após ligar o veículo, resolvi ligar o rádio. Confesso que já tinha desistido e não esperaria mais Rafaela.

E, como uma resposta, estava tocando uma antiga canção de Aline Barros, que dizia o seguinte:

Cada dia que se passa são lutas sem cessar que às vezes você pensa em desistir, mas Deus está contigo por onde tu andares, vai nessa força que você vai conseguir.

Não contive as lágrimas e resolvi esperar mais um pouco. Então peguei meu celular e liguei para Rafaela. Para sorte minha, alguém atende o telefone, porém não era ela. Sua mãe atendera a ligação e disse que Rafaela não estava, tinha saído a cerca de cinquenta minutos. Agradeci a informação, meio envergonhado, desliguei o telefone e me debrucei ao volante da caminhonete com os olhos fitos na estrada de chão, na esperança de que Rafaela viesse.

MEU RELÓGIO SINALIZAVA TRINTA E CINCO MINUTOS de espera. O vento balançava as folhas num som triste, mas esperançoso. Já estava exausto de cansaço e ansiedade, esperançoso de que ela viesse. Percebi nesta hora o quanto ela era importante para mim, em que estado eu havia ficado à sua espera. Meus pensamentos pareciam os mesmos: "vem logo Rafaela, meu amor". Mesmo cansado estava confiante, não conseguia mais desistir.

De repente, para minha surpresa, ouço o som de um veículo a se aproximar do sítio. Era Rafaela e as crianças! Que alegria senti, meu coração parecia querer sair pela boca, minhas mãos gelaram.

Rafaela desce do carro, retira as crianças e se dirige ao porta-malas, abre-o e retira algo. Fiquei curioso, mas muito alegre pelo fato dela vir. Ela e as crianças se aproximam de mim com uma plantinha nas mãos. Percebi que ali havia o dedo de meu querido pai.

Ela olha para mim e me abraça dizendo:

- Somos suas plantinhas, cuida de nós, pois precisamos muito de sua atenção, carinho e amor. Amo-te meu marido!

Mais uma vez não contive as lágrimas, nos beijamos e abraçamos várias vezes. Peguei meus filhos, Vivi e o Gustavo, no colo e girei abraçando-os amorosamente. Daí falei pra Rafaela:

- Nestes dias que estive aqui refleti muito sobre "o que é realmente importante para mim". Então compreendi que a grande razão para que as pessoas não mudem é que elas não se conhecem e não compreendem a si mesmas o suficiente, daí acabam achando a mudança desnecessária. Precisamos compreender que isso não se consegue sozinho, é necessário pedir que outros nos ajudem.

- Quero sua ajuda para mudar, preciso te compreender, cuidar e amar mais você. Vocês são meus patrimônios valiosos, alguém a quem devo servir com amor e dedicação. Passo a encarar a mudança como uma oportunidade de melhorar minha vida profissional e pessoal.

- Hoje entendo que quando nos dedicamos a identificar e atender às necessidades legítimas dos outros (servir), descobrimos que é preciso fazer algum sacrifício, e o alvo pode ser nosso orgulho ou outros interesses pessoais, por isso preciso te pedir perdão e uma segunda chance para te fazer feliz.

- Marcos, acho que eu exagerei. Você provou que me ama realmente, pois fez isso tudo para manter nosso relacionamento. Isso prova o quanto sou importante pra você. Era tudo que eu precisava ver e ouvir! – desabafou Rafaela.

Passamos cerca de uns vinte minutos abraçados: eu, a bela Rafaela e meus filhos. Depois entramos em nossos veículos e saíamos por aquele grande portão. Tínhamos a certeza que saímos para um novo começo em nossas vidas. Hoje percebo que o aspecto essencial da natureza humana é a necessidade de ter um relacionamento amoroso com Deus e com os outros, por isso estendi a ideia de cultivar um melhor relacionamento com todas as pessoas: cônjuges, clientes internos e externos, concorrentes, filhos, mães, pais, parentes, vizinhos e até mesmo inimigos, pois há:

CLIENTES POR TODOS OS LADOS, E SEMPRE ALGUÉM PARA SERVIR!

AGRADECIMENTOS

A Deus e pai pelo seu muito amor.
Aos meus clientes e seus colaboradores, pela confiança e apoio.
Aos meus leitores pela escolha, dedicação e interesse.
Aos meus queridos irmãos, Antonio Marcos e José Marcelo, pelo apoio e preocupação.
A meus pais Antonio e Isabel, por seu amor e carinho ao longo da vida.
À Ana Maria, minha companheira de todos os momentos, por sua paciência e cuidado.
E, por fim, à Polianna, minha filha, presente de Deus.

Márcio A. Silva

www.ingramcontent.com/pod-product-compliance
Lightning Source LLC
Chambersburg PA
CBHW051711170526
45167CB00002B/624